숙종,
강화를
품다

숙종,
강화를
품다

이경수 지음

江
華

역사공간

저는 강화도 해안 곳곳에 숨어 있는 돈대를 좋아합니다. 마음을 추스
를 때마다 타박타박 찾아가면 돈대는 햇살로, 바람으로 제 어깨를 도
닥여 주고는 했습니다.

어느 날 문득 '가만있자, 이게 언제 세워진 거지?' 하는 궁금증이 생
겼습니다. 50개가 넘는 돈대들 대부분이 숙종 때 세워진 것이었습니
다. 그렇게 숙종이 저에게 왔습니다. 역사를 가르치는 교사임에도 불
구하고 그동안 조선의 숙종에 대해서는 심드렁했습니다. '숙종' 하면
떠오르는 건 장희빈 정도였습니다. 그런데 별 관심 없이 볼 때는 보이
지 않던 것들이 흥미를 갖자 보이기 시작했습니다. 강화도 발 닿는 곳,
눈길 주는 곳 어디에나 숙종이 있었습니다.

숙종은 60세에 세상을 떠났습니다. 14살에 임금이 되었으니 재위
기간은 40년이 훨씬 넘었습니다. 조선의 17세기를 마감하고 18세기
를 연 군주, 중요한 시기에 왕위에 올라 묵직한 업적을 남기고 돌아간
군주, 강화도의 중요성을 깊이 인식하고 방어시설 구축에 골몰했던 군
주, 그가 바로 숙종이었습니다.

2013년 여름부터 겨울까지 강화역사문화연구소에서 '숙종 시대의 강화도'라는 주제로 강의하면서 이 원고를 갈무리하였습니다. 동참해 주신 연구소 회원 여러분의 열정이 큰 힘이 되었습니다. 글을 쓸 때마다 옆에서 읽어 보며 조언을 해 준 아내, 안수자는 한결같은 저의 멘토입니다.

'사업'보다는 역사에 대한 소명감으로 책을 만드는, 요즘에는 보기 드문 역사공간과의 인연을 기쁘게 생각합니다. 시원시원하게 내민 손을 잡아 주신 주혜숙 대표 그리고 편집을 맡아 고생하신 오선이 님께 고마운 마음을 전합니다.

이제 여러분을 숙종 시대 조선으로, 강화도로 모십니다. 조선의 왕 숙종의 면모와 그에 의해 새롭게 태어나는 강화도를 보여 드리고 싶습니다. 서툴지만 부족한 대로 정성을 다하렵니다. 동행해 주신 분들에게 감사한 마음을 담아 두 손 모아 머리 숙입니다.

2014년 3월

강화도에서 이경수

김만중 소설 속 숙종

청나라 군대에 점령된 강화도는 아비규환이었다. 난리를 피해 강화도로 온 것인데 함께 들어왔던 남편은 저세상 사람이 되고 말았다. 아낙은 어린 아들의 손을 잡고 뭍으로 가는 배에 올라 가까스로 목숨을 건졌다. 그녀의 손을 잡은 다섯 살 아들도, 뱃속의 아기도 살 수 있었다. 그 후로 아낙은 두 아들을 엄하게 키우고 가르쳤다. 행실이 나쁘면 과부 자식이라서 그렇다는 욕을 듣는다며 바르게 키우려고 온힘을 다했다. 또한 "제때 배우지 않으면 차라리 일찍 죽는 것이 낫다."며 아들들이 공부를 게을리하지 않도록 독려했다.

어머니의 헌신과 가르침 덕에 두 아들은 과거에 급제하고 세상에 이름을 알렸다. 특히 병자호란 때 어머니의 뱃속에 있었던 작은아들의 효성은 각별했다.

그는 어머니를 위해 『구운몽』 등의 소설을 쓴 김만중(1637~1692)이다. 서포 김만중은 병자호란이 끝나던 해에 태어나 숙종 재위 18년 되는 해인 1692년에 세상을 떠났다.

다음은 김만중이 지은 또 다른 소설 『사씨남정기謝氏南征記』를 풀어 요약한 것이다. 『사씨남정기』는 『사씨전』, 『남정기』로도 불린다.

옛날 명나라 땅에 유연수라는 사내가 있었습니다. 그는 인품이 빛나는 관리였습니다. 유연수의 아내 사정옥은 고운 심성을 가진 향기로운 여인이었습니다. 아무리 편안해 보이는 집안이라도 근심거리 하나씩은 품고 사는 법, 이들 부부에게 아이가 없었습니다. 결혼 생활 10년이 되도록 아이를 얻지 못했습니다. 아내는 남편에게 첩을 들이라고 청했습니다. 그렇게 해서라도 자식을 얻게 하려는 정옥의 배려였습니다.
남편은 거절했습니다. 주변 사람들도 아직 젊어 얼마든지 아이를 낳을 수 있는데, 왜 남편에게 첩을 얻으라고 하냐며 정옥을 말렸습니다. 그러나 정옥의 뜻이 워낙 간절했기에 남편 연수는 첩을 얻었습니다. 그녀의 이름은 교채란이었습니다. 채란은 예쁘고 착해 정옥을 잘 모셨습니다.
드디어 채란이 아들을 낳았습니다. 연수는 물론 정옥도 말로 표현할 수 없을 만큼 기뻤습니다. 그런데 사실 채란은 심성이 나쁜 여인이었습니다.

어느 날 정옥은 거문고와 어우러진 음란한 노랫소리를 들었습니다. 노랫소리의 주인공은 채란이었지요. 정옥은 채란에게 부드럽게 타일렀습니다. 하지만 채란은 연수에게 거짓으로 고하였습니다. 정옥이 다시 그런 노래 부르면 혀를 잘라 버리거나 약을 먹여 벙어리로 만들어 버리겠다고 말입니다.

아들을 낳고 욕심이 커진 채란은 정옥의 자리를 노리고 갖은 흉계를 다 썼습니다. 정옥이 뒤늦게 임신하자 낙태하는 약을 올리기도 했습니다.

결국 연수는 채란에게 속아 조강지처 정옥을 버렸습니다. 정옥은 집에서 쫓겨나, 물에 빠져 죽으려고 작정할 만큼 갖은 고생을 다하게 되었습니다. 그때 채란은 남편의 아랫사람과 바람이 나고, 급기야 남편을 죽이려는 음모까지 꾸몄습니다. 채란에 쫓겨 도망치던 연수는 물을 만나 꼼짝없이 붙잡힐 상황에 놓이게 되었습니다. 그때 배 한 척이 다가와 연수를 태웠습니다. 그 배에는 자신이 버린 아내 정옥이 타고 있었지요.

권선징악이라고 합니다. 채란은 새 남자가 죽자 또 다른 남자와 정을 통하다가 기생이 되고 결국은 죽음에 이릅니다. 반면 연수는 정옥과 함께 행복하게 잘 살았습니다.

이 소설은 숙종(1661~1720, 재위 1674~1720)이 인현왕후를 폐출하고 장희빈을 왕비로 들인 일을 비판할 의도로 썼다고 한다. 이야기 속의 무대는 중국 땅이지만 유연수는 숙종, 사정옥은 인현왕후, 교채란은 장희빈을 빗댄 것이다. 그렇다면 김만중은 장희빈을 몹시도 미워하고 있다고 할 수 있다.

당나라 현종 하면 양귀비를 떠올리듯 숙종 하면 장희빈을 떠올리게 된다. 숙종과 장희빈은 그동안 여러 차례 드라마나 영화에서 다뤄질 만큼 인기 있는 한 쌍이다. 드라마가 화제가 될 때는 숙종의 이름 이순에서 '순'을 따고 장희빈의 이름 장옥정에서 '정'을 따 '순정커플'이라고 불리기도 했다. 이때 숙종은 조연의 자리를 벗어나기 어려웠다. 대개 주인공은 장희빈으로, 숙종은 별다른 업적 없이 여인네의 치마폭에서 헤어나지 못한 군주였다는 인식이 강했다.

사실 숙종은 그저 그런 군주가 아니었다. 여색에 빠져 무기력하게 세월만 보낸 임금이 아니라 백성과 나라의 안녕을 위해 무던히도 애썼던 임금이었다. 숙종의 뒤를 이었던 영조, 정조가 빛날 수 있도록 길을 열어 준 군주였다.

숙종과 떼려야 뗄 수 없는 곳이 있다. 바로 강화도이다. 가장 어려울 때, 건너가서 안겨야 할 어머니의 품, 숙종에게 강화도는 어머니의 품 같은 섬이었다.

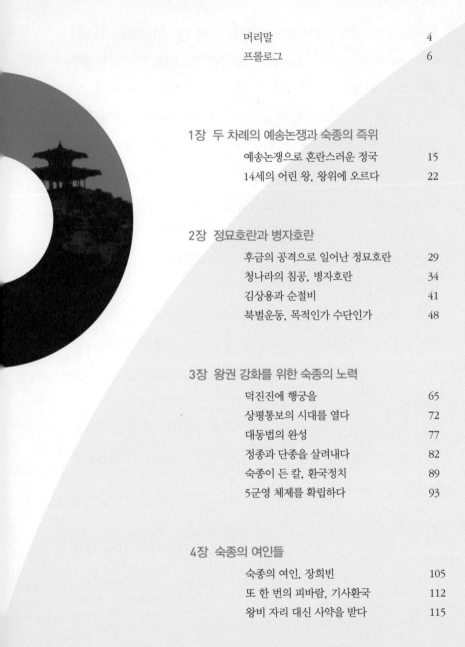

1

두 차례의 예송논쟁과
숙종의 즉위

肅宗

예송논쟁으로 혼란스러운 정국

14세의 어린 왕, 왕위에 오르다

예송논쟁으로 혼란스러운 정국

인조의 계비인 자의대비 조씨는 장렬왕후(1624~1688)로 불린다. 그녀는 15세에 조선의 왕비가 되었다. 소현세자와 효종을 낳은 인조의 비 인렬왕후가 세상을 떠나자, 그 자리를 이어받아 인조의 계비가 된 것이다. 당시 인조의 나이는 44세로 새로 맞은 조씨와는 나이 차이가 무려 서른이었다. 그러다 보니 인조의 아들 효종은 새어머니 장렬왕후보다 다섯 살이 많았고, 며느리 인선왕후마저 시어머니 장렬왕후보다 여섯 살이나 많았다. 게다가 인조와 장렬왕후 사이에는 자식도 없었다.

1649년 인조의 죽음으로 장렬왕후가 궁중에서 왕비로 산 것은 겨우 10년이 조금 넘었다. 인조를 이어 아들 효종이 즉위하면서 장렬왕후는 자연스럽게 대비가 되었다. '대비마마' 하면 백발의 할머니가 떠오르지만, 이때 장렬왕후의 나이는 여전히 꽃다운 26세였다. 10년이 지나고 아들 효종이 죽자 장렬왕후는 30대 중반에 대왕대비가 되었다.

다시 10여 년이 흘러 1674년(현종 15) 봄에 며느리 인선왕후가 죽었다. 같은 해 가을에는 손자 현종이 죽고 증손자 숙종이 즉위하였다. 1680년(숙종 6) 증손자 며느리인 숙종의 비 인경왕후가 죽었고 1683년

(숙종 9)에 손자며느리인 현종의 비 명성왕후 또한 세상을 떠났다.

장렬왕후가 숨을 거둔 것은 1688년(숙종 14)으로, 나이 65세 때였다. 1638년(인조 16)부터 시작된 궁중 생활도 50년에 이르렀다. 친자식은 아니지만 아들 현종과 며느리, 손자, 손자며느리까지 차례차례 떠나보냈던 것이다.

장렬왕후의 기구한 삶은 한 여인의 불행한 삶으로 끝나지 않았다. 그녀는 자신의 의지와 상관없이 거대한 정치 투쟁의 소용돌이 속에 있어야 했다. 그중 가장 심한 사건이 예송논쟁이다.

1659년(현종 즉위년) 기해년, 효종이 재위 10년 만에 세상을 떠났다.

● 인조에서 숙종까지의 가계도

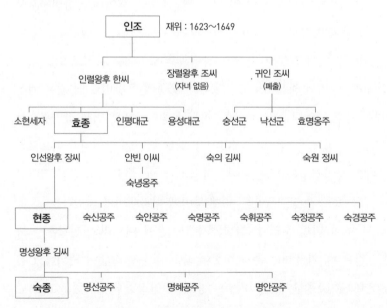

그러자 인조의 계비 장렬왕후가 상복을 입는 기간이 문제가 되었다. 조선 시대에는 부모상 때만 자식들이 상복을 입는 것이 아니고 아들과 며느리의 상 때 부모도 상복을 입었다. 손자가 죽어도 조부모가 상복을 입었다. 그런데 당시 조정은 세력이 강한 서인들과 약한 남인들이 대립하고 있었다.

예송논쟁에 대해 알아보기 전에 사화土禍에서 붕당정치朋黨政治로 이어지는 과정을 살펴보자.

고려 때 태어나 조선을 맞은 사람들 가운데 신진사대부로 불리는 사람들이 있었다. 어떤 이들은 새 나라 건국에 몸담고 나라의 기틀을 다져가는 데 힘을 보탰다. 이들을 흔히 훈구파라고 부른다. 고려 백성이 어찌 조선을 섬기냐며 조정에 나아가지 않고 학문에 전념한 부류도 있는데 이들을 사림파라고 부른다.

세월이 흘러 사림의 맥을 이은 학자들이 조정에 등장하기 시작했다. 훈구는 사림을 견제하고 사림은 훈구를 비판했다. 그러다가 훈구와 사림이 충돌하면서 조선에서는 몇 번의 사화가 일어났다. 무오사화(1498, 연산군 4), 갑자사화(1504, 연산군 10), 기묘사화(1519, 중종 14), 을사사화(1545, 명종 즉위년)이다. 사화 때마다 사림들이 크게 타격을 받았지만, 결국 조정을 장악하는 것도 사림이었다.

사림은 정치관 등의 차이로 동인과 서인으로 나뉘어 경쟁하였는데 이를 붕당정치라고도 하고 당쟁이라고도 한다. 동인은 다시 남인과 북인으로 나뉘었다. 광해군 때 북인 정권이 인조반정으로 무너지고 대신 서인 정권이 들어서게 되었다. 북인은 존재감을 잃었지만, 남인은 여전히 조정의 한 세력을 이루고 있었다.

효종의 장례에 장렬왕후가 상복을 몇 년 입느냐 하는 문제로 서인과 남인이 다른 주장을 폈다. 송시열 등 서인은 장렬왕후가 상복을 기년期
年 즉 1년간 입어야 한다고 주장했다. 반면에 허목과 윤휴 등 남인들은 3년설을 주장했다. 상복을 몇 년 입을 것인가는 겉보기에 단순한 예법 논쟁으로 보이지만 안을 들여다보면 복잡한 문제가 있었다. 갖은 이론과 학문적 전거들을 대며 서로 옳다고 다투었지만, 본질은 권력을 쥐기 위한 신하들 간의 다툼이었고 나아가 왕과 신하들 간의 기 싸움이기도 했다.

서인이 1년설을 주장했던 것은 효종이 적장자가 아니기 때문이었다. 인조의 맏아들은 효종이 아니라 소현세자였다. 효종이 적장자라면 3년설이 맞지만 그렇지 않으니 1년이면 된다는 것이 서인의 논리였다.

남인들은 '효종이 왕이기 때문에 일반인의 관점에서 보면 안 된다. 왕실의 특수성을 인정해야 한다. 왕위를 계승했다는 자체가 곧 적장자의 의미이다. 고로 3년설이 옳다.'고 맞섰다. 그러자 서인은 왕실의 예법이 양반 사대부의 예법과 다르지 않다고 주장했다.

아버지 효종에 대한 논쟁을 지켜보며 현종은 속마음이 어땠을까? 당연히 남인 편을 들고 싶었을 것이다. 사실 서인의 주장에는 효종의 정통성에 문제가 있음을 암시하는 것이 담겨 있었다. 소현세자가 죽었을 때 그의 아들이 왕위를 잇는 것이 순리이지 동생인 봉림대군(효종)이 즉위한 것은 순리가 아니라는 뜻이다.

반면에 남인들은 효종의 정통성을 강조했다. 왕권의 우월성을 내세워 조정에서의 입지를 확대하려는 남인들의 속마음을 현종도 모르지 않았겠지만 그래도 현종은 남인의 손을 들어주고 싶었을 것이다.

이러한 논쟁은 결국 서인의 승리로 끝나 장렬왕후는 1년간 상복을 입게 되었다. 현종은 아직은 서인이 너무 강해, 그들을 제압할 수 없다고 생각했다. 이 논쟁이 기해년에 있었기에 기해예송己亥禮訟이라고 하고, 첫 번째 예송이기 때문에 1차 예송이라고도 한다. 기해예송으로 승세를 탄 서인의 기세가 더욱 높아졌고 남인들은 무더기로 숙청되었다.

십여 년 세월이 흐르고 갑인년인 1674년(현종 15) 봄날, 효종의 비 인선왕후가 세상을 떠났다. 며느리의 죽음으로 장렬왕후는 다시 상복을 입어야 했다. 맏며느리가 죽으면 1년[期年], 둘째 며느리부터는 9개월[大功]이라고 『경국대전』「예전」에 나와 있었는데 이때도 서인과 남인은 다른 주장을 했다.

서인은 대공설 즉 9개월을 주장했다. 효종이 소현세자의 동생으로 장자가 아니듯, 인선왕후도 맏며느리가 아니니 장렬왕후는 9개월간 상복을 입어야 한다는 것이다. 남인은 기년설 즉 1년을 주장했다. 기해 예송 때 현종은 19세로 막 왕위에 올랐을 때라 남인의 편을 들 수 없었다. 하지만 갑인년은 재위 15년이 되는 해였다. 현종은 기년설로 결정

<hr>

* 의문사한 소현세자를 이어서 그의 장남인 원손 석철이 세손이 되어 왕위를 계승하는 것이 원칙이었다. 그러나 인조는 세자빈, 즉 소현세자의 부인 강씨와 강씨의 친척들을 죽였고, 석철을 비롯한 소현세자의 세 아들을 제주도로 유배 보냈다. 효종의 즉위는 왕위를 이어야 할 형과 형수의 죽음, 조카들의 유배를 통해 이루어졌다. 송시열은 이 모든 과정을 지켜보았다.

했다. 자신과 부모의 정통성을 세워 국왕과 왕실의 권위를 회복하려는 의지였다. 서인의 내분도 현종에게 힘을 실어 주었다. 현종의 장인 김우명과 그의 조카 김석주가 송시열에 대한 반감으로 남인을 편들고 나섰던 것이다. 장렬왕후로 하여금 며느리 상에 1년간 상복을 입게 한 예송은 두 번째이기 때문에 2차 예송, 혹은 갑인년에 일어났기 때문에 갑인예송으로 부른다.

갑인예송으로 대공설(9개월)을 주장하던 서인들이 처벌되고 남인들이 중용되기 시작했다. 서인에서 남인으로 정권 교체가 이루어진 것이다. 1674년 봄에 시작된 갑인예송이 일단 마무리되고 가을을 맞았다. 그런데 너무도 이르게, 현종이 세상을 떠나고 말았다. 그러자 그의 14세 아들 숙종이 왕위에 오르게 되었다. 당시 조정은 남인 정권이 쥐고 있었다.

예송논쟁을 정리해 보자!

예송논쟁은 효종과 효종비에 대한 장렬왕후(조의대비)의 복상 기간을 표면에 내세우며 일어난 서인과 남인 간의 이념 논쟁이자 정치 투쟁이었다. 서인들은 국왕의 위상을 끌어내려 양반 사대부와 동격으로 취급하며 자신들의 권력 기반을 강화하려고 했다. 반면에 세력 기반이 약했던 남인들은 예송논쟁에서 왕실의 우월성을 강조함으로써 현종과 손을 잡고 세력을 키워 정권을 장악하려고 했다.[1] 그로 인해 현종의 뒤를 이은 숙종의 주변에는 남인들이 대거 모여 있었다.

● 비변사당상 역임자의 붕당별 인원 변화[2]

시기	인조 2년	효종 1년	현종 1년	숙종 1년
서인	20	20	17	12
남인	2	3	3	13

조선 후기 권력 실세 그룹인 비변사당상을 어느 붕당에서 차지했었는지 그 변화 추세를 보면 남인의 약진을 확인할 수 있다.

14세의 어린 왕, 왕위에 오르다

1674년 8월 18일 현종이 34세의 나이로 세상을 떠났다. 재위 기간은 15년이 조금 넘었다. 그리고 며칠 뒤인 8월 23일 창덕궁 인정전에서 현종의 뒤를 이어 14세의 세자가 왕위에 올랐는데 바로 숙종이다. 1674년은 숙종 즉위년이다.

숙종은 1661년(현종 2)에 태어났다. 아버지는 현종이고, 어머니는 명성왕후 김씨이다. 7세 때인 1667년(현종 8)에 세자로 책봉되었고, 1671년(현종 12)에 김장생의 증손자인 김만기의 딸과 혼인했다. 김장생 집안은 서인의 핵심 집안이었다. 세자가 왕위에 오르면서 왕비가 되었으나 1680년 20세의 어린 나이에 병으로 죽고 말았다. 숙종의 첫 번째 왕비 인경왕후이다. 인경왕후는 공주 둘을 두었으나 모두 일찍 죽었다.

조선의 19대 임금으로 즉위한 숙종의 나이는 겨우 14세였다. 어린 왕이었으니 누군가가 섭정攝政 즉 수렴청정垂簾聽政*하는 것이 일반적이

---

* 수렴청정은 어머니나 할머니가 어린 왕을 대신해서 국정을 돌보는 행위를 말한다. 남녀가 유별하니 신하와의 사이에 발[簾]을 드리워[垂] 서로 모습을 가리고 정사[政]를 듣는다[聽]는 의미이다.

었다.

그런데 숙종은 섭정 없이 바로 친정親政을 시작한 드문 경우였다. 어머니 명성왕후가 수렴청정을 고려했을 것이나 큰 어른인 자의대왕대비(장렬왕후)가 있었기 때문에 나서기가 어려웠다. 수렴청정을 하게 되면 장렬왕후에게 우선권이 있었기 때문이다.

만약 숙종이 왕의 업무를 제대로 보지 못했다면, 명성왕후의 수렴청정이 시작되었을 것이다. 하지만 숙종은 나이가 어렸음에도 왕이 지녀야 할 능력을 갖추고 있었다. 명민했고 일찍부터 차근차근 학문을 닦으며 앞날을 준비해 왔다. 정서적으로는 어렸을지 몰라도 지적으로는 이미 큰 그릇이 되어 있었다.

현종 때의 일이다. 영의정 정태화 등과 국정을 논하다가 현종이 슬쩍 송시열 이야기를 꺼냈다. 신하의 상소문을 빌어 말하길, 사람들이

왕의 연대는 어떻게 쓸까?

왕위에 오르는 해는 즉위년이고, 다음해부터 원년 즉 재위 1년으로 나타낸다. 단 반정反正을 통해 현 왕을 폐위하고 왕위를 차지한 임금은 즉위한 첫해를 바로 원년으로 삼았다. 그러므로 1674년은 현종 15년이면서 숙종 즉위년이고, 1675년이 숙종 1년이 되는 것이다. 하지만 연산군과 광해군은 다르다. 1506년에 중종반정으로 연산군은 왕위에서 쫓겨났다. 그래서 1506년은 연산군 12년이면서 바로 중종 1년이 된다. 마찬가지로 인조반정으로 광해군이 쫓겨난 1623년은 광해군 15년이면서 인조 1년이 되는 것이다.

모두 들어와 원자(숙종)의 탄생을 축하했는데 유독 송시열만이 축하하지 않고 있는데 왜 그러는지 모르겠다며 섭섭함을 드러냈다.[3] 명성왕후 역시 송시열의 처신이 마땅치 않았다. 그래서 아들(숙종)에게 송시열을 비난하는 말을 했다고 한다.[4] 그래서였는지 숙종은 세자 시절부터 송시열을 싫어했다.

숙종은 즉위하자마자 송시열에게 여러 차례 손을 내밀었다. 속마음은 달갑지 않았겠지만, 군주로서의 포용을 보여 주려 한 것이다. 그러나 송시열은 남인 주도의 조정에 들어가는 것이 부담스러워 거부했다. 벼슬을 내려도 받지 않았고, 불러도 오지 않았다. 현종의 묘비문을 지어 달라는 숙종의 말도 듣지 않았다. 결국 묘비문은 김석주가 썼다.

숙종은 송시열의 제자인 대제학 이단하에게 현종의 행장行狀을 짓게 했다. 행장은 죽은 이의 이력과 생전의 언행을 간결하게 정리한 글로 묘비문만큼이나 중요했다. 숙종은 이단하가 지은 현종의 행장을 하나하나 고쳐 계속 다시 쓰게 하면서 압박했다. 숙종의 의도는 이단하로 하여금 예송논쟁 당시 송시열이 잘못했다는 글을 넣게 하려는 것이었다.

애초 이단하는 행장에 스승인 송시열을 언급조차 하지 않았다. 그러나 어쩔 수 없이 '송시열이 예론을 이끌었다.[宋時烈所引禮]'고 써야 했다. 숙종은 '소所'를 '오誤'로 바꾸게 하는 집요함을 보였다. 결국 이단하는 '송시열오인례宋時烈誤引禮', 즉 '송시열이 예론을 잘못 이끌었다.'라고 쓴 행장을 올릴 수밖에 없었다.[5] 얼마 뒤 이단하는 벼슬을 빼앗기고 한양 밖으로 추방당했다. 이때가 숙종이 즉위한 해였다.

숙종은 군약신강君弱臣强의 틀을 깨고 조선을 왕이 주도하는 나라로 만들고 싶어 했다. 그리고 주저 없이 실천에 옮기며 강화도의 방비 구축에도 일찌감치 신경을 쓰고 있었다. 병자호란 이후 인조·효종·현종 대로 이어져 온 보장처保障處로써의 강화도에 대한 관심을 그대로 이어받은 것*이다. 숙종은 재위 기간 내내 강화도의 방비 구축에 심혈을 기울이며 보장처를 완성해 갔다.

숙종이 강화도에 정성을 쏟은 데는 황당선荒唐船과 해적으로부터 서해를 지켜내려는 의도도 담겨 있다. 황당선은 주로 중국 선박들을 가리키는데, 조선 영역으로 넘어와 물고기를 잡고 밀무역을 하기도 했다.[6] 때로는 뭍에 상륙해서 민가를 약탈하고 조선 병사들과 충돌하면서 골치 아픈 문제를 일으키고는 했다. 오늘날에도 중국 어선들이 우리나라 해역으로 넘어와 해경과 충돌하며 갈등을 겪고는 하는데, 숙종 때에도 비슷한 상황이 있었던 것이다.

해적들도 극성을 부렸는데 청나라 조정조차 그들을 제어하지 못하는 실정이었다. 이처럼 황당선과 해적들의 출몰이 잦은 서해 중심에 강화도가 있었다. 강화도를 지키며 주변 바닷길의 안전을 확보하기 위해서라도 강화도의 방어 능력을 키울 필요가 있었다.

---

*   보장처는 전쟁과 같은 위기 상황 때 임금과 조정이 도읍지에서 옮겨와 의지하며 위기를 극복해 내는 곳을 의미한다. 몽골 항쟁기에 강화도로 조정을 옮겨 나라를 지켜냈던 고려의 경험이 조선 후기 강화도를 안전한 보장처로 인식하게 하는 계기가 되었다. 정묘·병자호란을 겪으면서 보장처의 중요성은 더욱 강조되었다.

2

정묘호란과 병자호란

肅宗

후금의 공격으로 일어난 정묘호란

강화도가 보장처로 관심을 받게 된 두 차례의 큰 전쟁, 정묘호란과 병자호란을 되짚어보자. 숙종 대의 강화도 정책은 병자호란의 실패에서 비롯된 것이기 때문이다.

임진왜란을 치르고 약 30년이 지났을 때인 1627년(인조 5), 조선은 다시금 전쟁의 소용돌이로 빠져들었다. 여진족이 세운 나라, 후금이 쳐들어 온 정묘호란이 일어난 것이다.

세자 시절에 임진왜란의 비참함을 체험했던 광해군은 즉위한 후 백성들의 생활을 안정시키기 위해서 노력했다. 죄 없는 백성들을 수없이 죽게 하는 전쟁이 이 땅에서 일어나지 않게 하려고 명과 후금이 각축하는 국제 정세를 유심히 살폈다. 당시 명나라는 쇠약해진 종이호랑이 처지였고 후금은 무섭게 커가는 나라였다.

조선은 의리상 임진왜란 때 구원병을 보내줬던 명나라 편에 서야 했다. 하지만, 아직은 후금의 공격을 막아낼 여건이 되지 못했다. 이에 광해군은 명과 후금 사이에서 일종의 중립외교를 펼쳤다. 체면과 의리보다 백성들을 살리는 것이 더 중요하다고 여겼던 것이다.

광해군의 중립외교 정책 등의 영향으로 전쟁 없는 평화 시대가 지속되었다. 그러나 광해군에 반대하는 서인 세력이 정변에 성공했고, 그 결과 인조가 즉위하게 되었다. 광해군이 궁궐 건축과 같은 대규모 토목공사로 민심을 상당히 잃었다는 것과 영창대군을 죽이고 계모 인목대비를 유폐시킨 것 등이 인조반정의 계기가 되었다.

그동안 서인은 광해군의 중립외교를 비판해 왔다. 임진왜란 때 나라를 구해 준 명나라의 은혜를 기억해야 한다고, 명에 대한 사대를 강화하고 후금을 배격해야 한다는 친명배금親明排金을 주장해 왔다. 이러한 조선의 친명배금 정책은 후금의 침략을 받은 이유로 거론되지만 그 때문만은 아니다. 사실, 인조의 서인 정권이 당당하게 친명배금을 외친 것도 아니었다. 광해군의 외교 정책을 비판해 왔기 때문에 말로는 친명배금을 내세웠지만 서인 정권도 세상 돌아가는 상황을 알았다. 맹목적으로 후금을 배척하는 것은 위험하다고 여겼기 때문에 광해군 때와 크게 다를 게 없는 정책을 펴고 있었다.

후금이 쳐들어왔던 주요 목적은 모문룡 제거에 있었다.* 명의 장수 모문룡은 당시 조선 가도에 병력을 모아 주둔하면서 요동 지방을 회복하겠다며 후금을 자극하고 있었다. 모문룡은 요동을 공격하지 못했지만, 그래도 후금에게는 목에 걸린 가시 같은 껄끄러운 존재였다.

---

*　전쟁의 원인이 되었던 모문룡은 일단 무사했다. 후금군이 쳐들어오자 도망쳐 목숨을 부지한 모문룡은 조선이 후금군을 끌어들여 자신을 공격하려 했다는 둥, 자신이 후금군을 물리쳐 조선을 구해줬다는 둥, 거짓 보고를 명 조정에 올렸다[1]가 죽임을 당했다.

당시 후금이 처해 있던 경제적 어려움도 조선 침략의 한 가지 원인으로 거론된다. 만주 지방에 기근이 심하게 들어 굶어 죽는 이가 많았다. 후금은 조선을 항복시킨 후 일종의 전쟁 배상금 명목으로 식량과 각종 물품을 가져가려는 의도가 있었다. 아울러 양국 간에 교역을 터서 안정적으로 필요한 물품을 확보하려 했다.

또한 후금에게 조선은 '정복의 대상'이 아니라 '뒤를 돌아보는 근심을 없애기 위해 화호和好를 맺어야 할 대상'[2]이었다. 과거에 거란이 고려를 침략한 것은 송을 치기 위한 사전 작업이었다. 위치상 뒤통수에 있는 고려가 신경 쓰인 것이다. 거란이 송과의 전투에 전념할 때 고려가 거란의 본거지를 공격하면 낭패였다. 미리 고려를 압박해서 그럴 일을 막아야 했다. 후금도 비슷했다. 명 정벌에 전념하기 위해 조선을 '손봐 줄' 필요가 있었다. 실제로 후금군은 정묘호란이 끝나자마자 명 원정길에 나섰다.

정묘호란이 일어나자 인조는 사방이 바다인 강화도로 피난하기로 했다. 남한산성도 고려되었지만 결국 강화도였다. 임금 일행이 통진에 도착했지만 강화로 들어갈 배가 없었다. 이에 인조는 김경징을 호섭대장護涉大將으로 삼아 배를 구하게 했다.[3]

당시 강화도에는 광해군이 유배 중이었다. 미리 광해군은 교동도로 옮겨졌기 때문에 쫓겨난 왕과 쫓아낸 왕이 한곳에 머무르는 어색한 상황은 벌어지지 않았다.

1627년(인조 5) 1월 26일, 궁을 나선 인조는 양천, 김포를 거쳐 통진에 머물다가 1월 28일에 강화도에 들어갔다. 연미정에서 수군을 사열

연미정

고려 시대에 지어진 정자로 월곶돈대 안에 있다. 정묘호란 때 조선과 후금 간에 화의를 맺은 곳이다.

하고 송악산(지금의 북산)에 올라 주변을 살피기도 하면서 강화도 생활을 이어갔다.[4] 인조는 이런 일을 예상하고 일찍부터 강화도 수비체제 강화에 골몰했다.

왜구의 침략에 대비해 남양에 뒀던 경기수영을 강화도로 옮긴 것이 1624(인조 2)년이었다. 인조가 직접 "경기의 수영水營을 강화로 옮겨 설치하는 것이 어떻겠는가?"[5]라고 신하들의 의견을 물으며 적극성을 보였다.

후금군은 배 타고 싸우는 수전에 익숙하지 않아 강화도를 공격하지 못했다. 섬과 뭍에서 두 나라가 대치하는 상황이 되자 오히려 후금 쪽이 조급해졌다. 후금은 국경을 넘자마자 화의를 요구해왔다. 명나라의 배후 공격을 우려하고 있었기 때문에 전쟁을 장기전으로 끌고 갈 처지가 아니었다. 남쪽으로 내려오며 경험한 조선군의 만만치 않은 전투력도 부담이었다. 결국, 두 나라는 3월 3일에 화의를 맺게 되는데 그 장소가 강화도 연미정이었다고 한다.

후금이 명목상 형의 나라가 되었고 조선은 동생의 나라가 되었다. 조선은 세폐歲幣라는 전쟁 배상금을 물게 되었다. 하지만 이 정도에서 호란이 수습된 것을 인조는 다행스럽게 여겼다. 강화도의 가치를 새삼 알게 된 인조는 강화부를 유수부로 올리고 경기수영도 충청·경기·황해 3도 수군을 통괄하는 삼도수군통어영으로 승격시켰다.

조선 건국 초 강화도는 고려 말 이래 부사府使가 다스리는 강화부江華府였다. 1413년(태종 13)에 강화부의 명칭이 강화도호부江華都護府로 바뀌었다. 이때 수령을 도호부사(종3품)라고 했다. 약칭해서 도호부를 그냥 부로, 도호부사를 부사로 부르는 경우도 흔했다. 1618년(광해 10)에는 강화도호부의 수령이 도호부사에서 종2품인 부윤府尹으로 올랐다. 그러다가 정묘호란을 겪은 1627년(인조 5)에 강화유수부가 서면서 수령도 유수(종2품)로 바뀐 것이다.

청나라의 침공, 병자호란

정묘호란이 끝나고 10년쯤 흐른 뒤인 1636년(인조 14) 4월, 후금은 나라 이름을 청淸으로 바꿨다. 그리고 조선에 군신관계君臣關係를 맺을 것을 요구해왔다. 청이 임금의 나라요, 조선은 신하의 나라가 되어야 한다는 것이다. 이 요구를 거부하자 12월 추운 겨울, 청은 조선으로 쳐들어왔다. 병자호란의 시작이었다.

정묘호란 때 조선을 침공한 후금군은 약 3만 명이었다. 그런데 병자호란에는 네 배가 넘는 12만 8천 명이 쳐들어왔다. 이번에는 수전水戰에 능한 명나라 군사 2만 명도 데려왔다. 공유덕·경중명 등 명나라 장수들이 자신들의 부하 병사들과 전선을 거느리고 후금으로 망명했는데, 망명군 일부를 동원했던 것이다. 게다가 청에 복속된 몽골군이 더해졌다.

여진족·한족·몽골족 연합군으로 편성된 청나라 군대는 이제 육지에서는 물론 바다에서도 위력을 발휘할 수 있게 되었다. 더구나 한족 병사들 덕에 홍이포紅夷砲라는 위력적인 신무기까지 갖췄다. 홍이포의 최대 사정거리는 9km에 이르렀고, 실전에서 유효한 사정거리는 약 2.8km[6]였다. 갑곶에서 김포 해안까지의 거리는 1km가 채 되지 않았다. 청군은 정묘호란 당시의 후금군과는 질적으로 양적으로 차이가 컸다.

조선 국경을 넘은 청군은 불과 며칠 만에 서울 근처까지 쳐내려왔다. 인조는 다시 강화도 피난을 결정하고 종묘사직의 신주를 받들어 강화도에 먼저 모시게 하였다. 이때 원손과 세자빈, 봉림대군, 인평대군도 김상용 등과 함께 강화로 갔다. 얼마 뒤 인조도 강화로 가기 위해 남대문을 나섰는데 청군이 길목을 막아 버렸다. 산성 전투를 의도적으로 피해 가며 신속하게 남쪽으로 내려온 결과였다.

임금 일행은 할 수 없이 남한산성으로 몸을 피하게 되었다. 이때가 12월 15일이었다. 청군에 포위되어 성에 고립된 임금을 구하려고 각지에서 의병이 일어났으나 성과는 없었다. 강원도 땅에서 관군을 이끈 홍명구가 분전하고 유림이 청군을 거의 전멸 상태에 빠트릴 만큼 전과를 거두기도 했지만,[7] 임금을 구하지는 못했다.

한편 청군은 남한산성 포위와 함께 강화도 공격을 계획하였다. 청의 군사 1만 6천 명이 통진에 진을 치고 주둔한 것이 12월 말이었다. 배를 모아 해가 바뀐 1월 22일, 청군은 마침내 홍이포 등을 쏘아대며 강화 해협(염하)을 건넜다. 그리고 강화성을 함락했다.

강화도가 쉽게 무너진 것은 청군의 침략에 대한 대비가 없었기 때문이다. 당시 강화도 수비 책임자 중에 검찰사 김경징이 있었다. 김경징은 청군이 날개를 달고 하늘로 날아오지 않는 한 절대로 강화도를 칠 수 없다고 믿었다. 그들이 몽골처럼 수전에 약하다는 사실만을 생각했

삼충사적비

병자호란 당시의 세 충신, 황선신·구원일·강흥업을 기리는
비로 1733년(영조 9)에 세웠다. 갑곶돈대 뜰에 있다.

황선신사당

강화산성 북문 밖에 있다. 온전한 모습의 정려문이 사당 대문에 걸려 있다. 황선신은 병자호란 때 청나
라 군과 맞서싸우다 전사했다.

던 것이다. 또한 청군의 침략을 대비해 싸울 준비를 해야 한다는 건의를 무시했다. 그리고 피난민을 먹인다며 김포와 통진에 보관 중이던 나라 곡식을 옮겨다가 자신이 먹었다고 한다. 그러고는 청군이 쳐들어오자 도망치기에 바빴다. 게다가 무기고를 점검하는 사람도 없었는지 청군이 쳐들어왔을 때, 적군에게 포를 쏘려니 화약에 습기가 차서 쏠 수 없었다는 기록도 보인다.

하지만 청군에 맞서 싸운 병사들도 적지 않았다. 갑곶돈대, 옛 강화역사관이 있던 그 자리에는 옛 비석이 수두룩하게 서 있다. 그 가운데 삼충사적비(1733)는 '오호라, 이 갑곶나루터 진해루 아래는 곧 삼충신이 죽음을 보이고 돌아간 곳이다. 죽은 날은 실로 정축년(1627) 정월 22일이었다. 슬프도다. 삼충신은 강화부 사람이었다. 중군 황선신은 분개하여 싸우다가 전사하였고, 우부천총 구원일은 칼을 쥐고 물로 뛰어들어 전사하였으며, 좌부천총 강흥업은 중군과 함께 전사하였으니, 이른바 삼충이라 한다.'라고 시작된다. 이들은 청군에 맞서 나라를 지키려, 강화를 지키려, 목숨을 던진 인물들이다.

황선신(1570~1637)은 1597년(선조 30)에 무과에 급제해 벼슬을 시작한 조선의 대표적 무신이다. 1637년에 본부 중군의 직책으로 갑곶진에 상륙한 청군을 맞아 싸우다가 강흥업과 함께 전사하였다. 『연려실기술』에 의하면, 청군이 황선신과 강흥업을 가리켜 "장하다, 두 백수장군白首將軍이여" 하며 칭송하였다. 비록 적이기는 하나 조국에 대한 사랑으로 침략군에 맞서는 노장들에게 감동하였던 것이다. 당시 황선신은 68세, 강흥업은 63세였다.

구원일(1582~1637)은 선조 때 무과에 급제한 인물로 병자호란 당시 본부 천총이었다. 청군과의 일전 중 강화유수 장신이 싸우려 하지 않자, 장신을 먼저 베어 기강을 바로 세우려 했다. 그러나 장신의 부하들에게 사로잡힐 위기에 빠지자 바다에 몸을 던져 자결했다.

강흥업(1575~1637)은 강화읍 옥림리 출신으로 학문이 높았다. 권필* 선생에게도 가르침을 받았다. 임진왜란의 참화를 경험하면서 학자의 꿈을 접고 무인의 길로 들어서게 된다. 1596년(선조 29)에 무과에 합격한 그는 병자호란 당시 본부 천총 직책으로 참전하여 황선신 등과 함께 순절했다.[8]

삼충신과 많은 병사가 죽고 백성이 목숨을 잃으며 강화도는 함락되었다. 청군이 강화도와 그 안의 사람들을 장악한 상황에서 남한산성 사람들이 더 버티는 건 무의미했다. 1월 30일, 남한산성을 나온 인조는 서울 삼전도에서 청나라 임금에게 항복하였다. 청의 요구에 따라 임금 옷을 벗고 푸른 옷을 입은 채로, 그들 식대로 머리를 땅바닥에 몇 번이나 찧으며 항복한 것이다.

김경징이 청군에 맞서싸웠다 하더라도 강화도를 지킬 수는 없었을 것이다. 청군이 쳐들어온 때는 겨울로 한강이 얼었다. 강화 갑곶 앞바

---

* 조선의 학자 석주 권필(1569~1612)은 서울 마포에서 태어났다. 임진왜란 때 강화도로 피난한 것이 계기가 되어 강화도에 살며 학문하고 제자를 키웠다. 조정의 나쁜 무리를 우회적으로 비판한 궁류시宮柳詩를 지은 것이 문제 돼 광해군에 의해 유배되었다가 세상을 떠났다. 1739(영조 15), 권필의 4세손 권적이 강화유수로 부임해 석주의 초당 터에 유허비를 세웠다.

다는 떠다니는 얼음조각, 즉 유빙으로 뱃길이 자주 막혔고 청군에게는 배도 없었다. 이미 김경징 등은 강화 건너 김포 해안의 배들을 모두 없 앴을 것이다.

그런데 청군은 기발한 작전으로 배를 확보했다. 오스만 제국이 비잔 티움 제국의 콘스탄티노플을 점령할 때, 산길에 통나무를 깔고 그 위 로 배를 옮겼던 적이 있다. 청군은 한강가의 배를 징발하고 목재를 구 해 배를 만들어 그 배를 수레에 실어 육로로 옮겨왔다. 강화도 안에 있 는 사람들은 생각도 못할 일이었다.

수레에 실려 오는 배를 보고 놀란 통진의 지휘관 김정이 급히 사람 을 보내 김경징에게 보고하자 김경징은 '헛소리'라며 그를 죽이려고 했 다. 도저히 믿을 수가 없었던 것이다. 유빙이 풀려 배를 띄울 수 있게 된 날, 청군은 공격을 시작했다.

김경징은 검찰사였다. 검찰사는 임시관직으로 원손과 세자빈, 봉림 대군 등 왕실 사람들을 강화도까지 안전하게 모시는 것이 우선의 임무 였다. 그러나 강화도가 보이는 통진에 도착해서 상태가 좋은 배를 골 라 제 가족을 제일 먼저 태워서 강화도로 보냈다. 경기좌도 수운판관水 運判官 어한명이 원칙대로 봉림대군 등을 먼저 태우려고 했지만, 김경징 이 어한명에게 따지며 "그대는 어찌하여 꼭 우리 집 식솔들이 탈 배를 빼앗아서 대군께 드리려고 한단 말인가?"[9]라며 막았다. 이 모습을 본 윤선거는 혀를 차며 다음과 같이 말했다.

대개 검찰은 행차들을 호위하는 것이 임무일진데 종묘사직의 신주,

빈궁 및 여러 호종신들이 거의 건넌 이후에야 자기의 식솔들을 건너게 해야 할 것인데, 대소와 선후先後에 어긋나게 행동함은 말할 것도 없었으니······.[10]

강화도에서 검찰사 김경징이 해야 할 일은 군정軍政과 민정民政을 총괄하며 군비軍備를 마련하고 민심을 수습하는 역할[11]이었지만 제대로 한 것은 하나도 없었다. 전쟁 때 김경징이 달아난 이후 그의 늙은 어머니와 아내 그리고 며느리는 강화 땅에서 자결했다.

또한 장신도 김경징과 마찬가지로 싸워 보지도 않고 가족을 버리고 도망쳤다. 구원일이 먼저 베려고 했던 장신은 강화유수 겸 주사대장舟師大將이었다. 병자호란 당시 실질적인 군사 지휘권은 장신에게 있었다. 인조는 강화도를 방수防守하는 일을 김경징이 아니라 장신에게 전담시켰다고 했다.[12] 강화도 함락의 책임을 물어야 한다면 김경징보다 장신의 죄가 더 큰 것이다.

김상용과 순절비

병자호란 때 순절한 김상용은 숙종 대의 인물이 아니지만 그의 순절비가 숙종 재위 기간에 세워졌고, 숙종과 김상용은 혈연적으로도 연결되어 있다. 효종의 왕비이자 현종의 어머니 인선왕후가 바로 김상용의 외손녀였다. 숙종은 현종의 아들[13]이니까 김상용의 외손녀인 인선왕후가 숙종의 친할머니가 되는 셈이다.

김상용은 높은 벼슬을 두루 거쳤지만, 집은 가난했다. 마음만 먹었다면 권세를 이용해 얼마든지 부富를 불릴 수 있었지만 그러지 않았다. 김상용이 강화도 남문에서 순절한 날, 실록에는 다음과 같이 적고 있다.

전 의정부 우의정 김상용이 죽었다. 난리 초기에 김상용이 상의 분부에 따라 먼저 강도에 들어갔다가 적의 형세가 이미 급박해지자 분사에 들어가 자결하려고 하였다. 인하여 성의 남문루에 올라가 앞에 화약을 장치한 뒤 좌우를 물러가게 하고 불 속에 뛰어들어 타죽었는데, 그의 손자 한 명과 노복 한 명이 따라 죽었다.

김상용는 자가 경택, 호는 선원이고 김상헌의 형이다. 사람됨이 중후

하고 근신했으며 …… 한결같이 바른 지조를 지켰으니, 정승으로서 칭송할 만한 업적은 없다 하더라도 한 시대의 모범이 되기에는 충분하였다. 그러다가 국가가 위망에 처하자 먼저 의리를 위하여 목숨을 바쳤으므로 강도의 인사들이 그의 충렬에 감복하여 사우祠宇를 세워 제사를 지냈다.

『인조실록』, 15년(1637) 1월 22일

1700년(숙종 26) 김상용의 순절 후 60여 년이 흐른 뒤, 강화유수는 김상용의 후손 김창집(1648~1722)이었다. 김창집은 할아버지의 충절을 돌에 새겨 영원히 기리고자 순절비를 세웠다. 순절비문은 김창집의 동생 이조참판 김창협(1651~1708)이 지었다. 일부 내용을 보자.

오호라! 여기는 강화부성 남문으로 고 우의정 문충공 선원 김선생께서 순의하신 곳이다. …… 숭정 병자년(1636, 인조 14)에 오랑캐가 쳐들어오니 임금께서는 강화로 납시려 하였다. 그때에 선생은 이미 재상의 벼슬을 그만두었고 또 늙고 병든 몸이었는데도 임금께서 선생에게 종묘의 신주를 모시고 먼저 떠나라고 명하시었다. …… 적은 또 군사를 나누어 강도를 엿보고 있었는데, 장신과 김경징 등은 천험만 믿고 이에 대비하지 않고 있었다. 그뿐만 아니라 김경징은 교만 방자하여 군사로서 간하는 사람이 있으면 문득 성을 내어 이를 묵살시켜 버렸다. …… 어떤 이가 말하기를 "일은 끝났습니다. 어찌하여 배를 준비하여 급한 일에 대비하지 않으십니까?"하니, 선생께서 탄식하여 말하기를 "주상께서는 포위 중에 계시며 종묘사직과 왕손인 원손이

김상용 순의비각

강화읍 용흥궁 공원 입구에 있다. 주변에 성공회 성당, 용흥궁, 고려궁지가 있다.

모두 여기에 있으니, 만일 불행한 일이 닥친다면 죽음만이 있을 뿐이다. 어찌 살기를 바라리오."하였다. 며칠이 지나자 적이 크게 몰려온다는 보고가 있었으나, 장신과 김경징은 이를 믿지 않고 오히려 큰 소리로 말하기를 "겁쟁이들이로다. 강물이 넘실거려 흐르는데 적이 어떻게 날아 건너올 것이냐?"고 하였다. 이튿날 아침에 적이 과연 갑곶으로 건너오니 …… 김경징 등은 일시에 배를 빼앗아 타고 도망하였다. …… 선생께서는 집안사람들과 결별하고 성의 문루에 올라 염초를 쌓아놓고 그 위에 올라앉아서 옷을 벗어 하인에게 주고는 손을 저어 좌우를 물리치고 불을 붙여 자폭하였다. 손자 수전은 당시 나이

13세로 곁에 있었다. 선생께서 노복을 시켜 손자를 데려가라고 하였으나, 손자는 선생의 옷을 붙들고 울면서 말하기를 "할아버지를 따라 죽어야지 어디로 가겠습니까?" 하니, 노복도 가지 않고 함께 죽었다. …… 정축년(1637, 인조 15) 정월 22일이었다.

대저 이미 선생께서 죽으니 국가에서는 충신의 문으로 정려하고, 또 강화부성의 남쪽 7리 되는 곳에 사우를 짓고 '충렬사忠烈祠'라 사액하여…….

선원선생순절비仙源先生殉節碑(김상용 선생 순절비)는 옛 남문 터인 강화읍 용흥궁공원 남쪽에 있다. 비각 안에는 비가 둘로, 앞에서 바라볼 때 왼쪽 것이 숙종 대에 세운 원래의 비이고, 오른쪽 것은 1817년(순조 17)에 다시 세운 것이나 내용은 거의 같다. 새 비에는 "비를 세운 지 오래되어 깎이고 삭고 하여 거의 읽을 수 없게 되어 후손들이 상의하여 돌을 다듬어 옛 글씨를 모방하여 새기고 전각을 지어 세우니, 이 해가 공께서 순의하신 네 번째 정축년(1817)이다."라고 덧붙여져 있다. 구舊 비의 높이는 206.5cm, 신新 비는 265cm이다.

1701년(숙종 27) 김상용의 순절비가 세워지고 1년이 지난 해 인현왕후가 사망하고 장희빈마저 죽임을 당했다. 강화에서는 김상용을 모신 충렬사에 충렬사비가 세워졌다. 이조참의 권상하가 글을 짓고 김진규가 글씨를 썼다. 병자호란 당시 나라를 지키다 강화에서 순절한 우의정 김상용 등의 공적을 기록하고 있다.

숙종, 강화를 품다

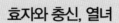

효자와 충신, 열녀

임진왜란·정묘호란·병자호란을 겪은 뒤 성려받은 이들이 많았다. 나라와 지아비에 대한 절의를 지키고자 죽음을 택한 이들이 많았기 때문이다. 정려旌閭란 임금이 나라 안의 효자·충신·열녀들을 표창하면서 그 집이나 마을 앞에 세우도록 했던 붉은 문을 말한다. 그래서 정문旌門이라고도 한다. 김상용 선생의 순절비에도 "국가에서는 충신의 문으로 정려하고"라는 표현이 보인다.

효자 정려는 전쟁 중 부모님을 구하려고 적과 싸우다 죽었거나 아버지와 함께 전투를 수행하다가 전사한 자식이 주로 해당한다.

남자들은 본부인 외에 첩을 둘 수 있었고, 기생이나 노비와 관계하면서도 비난받지 않았다. 그러나 여인들은 17세에 과부가 돼도 재혼할 수 없게 했다. 평생을 수절하며 시부모 모시기를 강요했다. 만약 과부가 재혼하면 자식들은 과거를 볼 수 없었다. 심지어 남정네에게 손목만 잡혀도 순결을 잃은 것으로 간주했다.

병자호란 당시 어느 마을 사람들이 배를 타고 피난을 가게 되었다. 배가 막 뜨고 있을 때 한 여인이 도착했다. 혼자 힘으로 배에 오르기 힘들어 누군가 손을 잡아 주어야 하는 상황이었다. 한 남자가

손을 내밀었지만 여인은 "내가 손을 남에게 주면서 어찌 난을 피할수 있는가." 하더니 물속에 몸을 던져 자결하였다. 나라에서는 장한 죽음이라 칭찬하여 정문을 내렸다.

청군에게 함락된 강화도에서도 정절을 지키려 목숨을 버린 여인들이 많았다. 모두 92명인데, 그중 한 여인은 여종에게 "청나라 군인들이 죽은 사람들의 옷을 모두 벗긴다고 하더라. 내가 죽으면 바로 불태워서 적의 더러운 손이 내 몸에 닿지 않게 해다오."라고 말하고 자결하였다. 이 여인은 '절개를 지켜 죽은 사람 가운데 제일'이라는 칭송을 들었다.[14]

임진왜란 때 정려된 사람은 모두 593명으로 효자가 95명, 충신이 56명, 나머지 442명이 열녀이다.[15] 이수광은 『지봉유설』에서 국난을 당하여 열녀가 으뜸이고 충신이 제일 적은 것에 대해 사대부들은 반성해야 한다고 말했다.

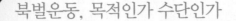

북벌운동, 목적인가 수단인가

병자호란의 패배로 소현세자와 봉림대군이 청나라에 인질로 끌려갔다. 그들은 9년 만에 조선으로 돌아왔는데, 소현세자는 청나라의 존재를 인정하고 조선과 청의 관계를 긍정적으로 이끌어가려고 했던 반면 봉림대군은 청에 대한 반감이 여전했다. 치욕을 되갚아 조선의 자존심을 회복하고 싶어 했다. 그런데 소현세자가 즉위할 것이기 때문에 그의 의도대로 될 가능성이 커보였다. 하지만 소현세자가 의문의 죽음을 맞이하고 그의 아들 대신 동생 봉림대군(후의 효종)에게 왕위가 넘어갔다. 아버지 인조의 선택이었다. 효종은 이후 북벌北伐을 추진했다. 청을 치기 위해 군비를 강화하며 준비했으나 재위 10년 만에 죽고 말았다. 그의 죽음에도 역시 석연치 않은 부분이 있다.

오늘날 효종의 북벌론을 보는 시각은 크게 두 가지이다. 하나는 병자호란의 치욕을 씻기 위해 실제로 북벌을 준비했다는 것이고, 또 하나는 '왕권 강화를 위한 국내 정치용' 군비 강화일 뿐,[16] 진짜 북벌을 시도할 의도는 없었다는 것이다.

사실 북벌론에는 어수선한 사회 분위기를 추스르고 왕권을 강화하려는 정치적 의도가 담겼다고 볼 수 있다. 임진왜란, 병자호란으로 드러난 못난 지배층을 바라보는 백성의 날 선 눈빛에 대한 부담과 떳떳하지 않은 왕위 계승이 신하들에게 얕보일 소지가 있었다. 따라서 북벌이라는 대의를 내세워 백성의 입을 막고 통치체제를 재정비하려는 의도가 묻어 있음을 부인하기 어렵다.

그러나 북벌론 자체로도 충분한 진정성이 엿보인다. 효종은 세자가 된 이후부터 술을 입에도 대지 않으며 북벌을 벼려왔다.[17] 계속되는 자연재해로 무너지는 백성들과 문文을 무시하고 무武만 받들어 노한 하늘이 재해를 내렸다는 신하들의 겁박은 청나라의 감시보다 더 힘겨웠다. 결국 효종은 신하들 앞에서 눈물을 보이기도 했다.

> 국가에 수치가 있는데도 그것을 참으면서 세월을 보내니, 장차 무슨 낯으로 이 세상에 살겠는가. 시를 읽다가 여기에 이르니, 나도 모르는 사이에 오열을 금하지 못하겠다.　　『효종실록』, 8년(1657) 1월 22일

효종은 신하들과 『시전』을 공부하다가 힘든 속내를 드러낸 것이다. 왕도 힘들고 신하들도 괴롭고 무엇보다 백성들이 고통스러운 전쟁 준비였지만 효종은 그래도 가야 할 길이라고 믿었다.

1659년(효종 10) 3월 11일, 효종은 이조판서 송시열*을 불렀다. 둘은 봄비가 너무 자주 와 농사가 걱정이라는 둥, 일상적인 대화를 이어갔다. 서로 하고 싶은 말을 꺼내지 않고 겉돌 때 송시열이 먼저 치고 나왔다.

"송 효종이 당초에 큰일을 하려는 뜻을 품고 장남헌을 볼 때에, 만일

전상殿上에서 만나 보면 혹시 엿듣는 자가 있을까 싶어서 뜰 가운데다 장막을 설치하고 그를 보았는데 좌우에는 아무도 없었습니다. 임금과 신하 사이가 이와 같아야만 큰일을 도모할 수 있는 것입니다."

중국 고사를 들어 주위를 물리고 단둘이 이야기하자고 에둘러 말한 것이다. 효종은 곁에 있던 승지를 물러가게 했고, 환관과 심지어 사관마저 물렸다.[18] 효종과 송시열의 '큰일을 도모하는' 밀담이 시작되었지만, 어떤 말이 오갔는지 신하들은 알 수 없었다. 기록하는 사관이 없었으니 실록에도 내용이 없다. 그러나 송시열이 둘의 대화 내용을 기록하여 남겼다. 송시열의 기록에 따르면 효종은 다음과 같이 말했다고 한다.

저 오랑캐는 반드시 망할 날이 있다. …… 여러 신하가 모두 내가 군대의 일을 하지 않기를 바라는데, 내가 굳이 받아들이지 않는 것은 천시와 인사에 언제 좋은 기회가 올지 알 수 없기 때문이다. 그래서 정예 포병 10만을 양성하여 자식같이 아껴서 모두 죽음을 두려워하

●　　효종은 북벌 준비에 대한 신하들의 협조를 구하기 위해서 송시열을 불렀다. 송시열은 북벌에 찬성하는 입장이었지만 효종과는 색깔이 달랐다. 효종은 구체적 실천을 중시했지만, 송시열의 북벌 논의는 명분이나 구호적인 성격이 짙었다. 효종이 군사를 키우고 무기를 만들고 방어 시설을 갖추는 것을 중시했다면, 송시열은 효종의 수신修身을 강조했다. 효종의 복수가 '국가적 굴욕과 민족적 치욕에 대한 국왕으로서의 복수'였다면, 송시열의 복수는 숭명배청崇明排淸에서 우러나온 '명나라를 위한 복수'[19]였다. 효종과 송시열 모두 북벌의 때를 기다렸는데 효종은 그때가 오지 않을까 걱정했지만 송시열은 그때가 정말 올까 봐 걱정했을지도 모른다.

지 않는 용사로 만들고자 한다. 그 후에 저들에 틈이 있기를 기다려 불시에 관외로 쳐들어가면 중원의 의사와 호걸이 어찌 호응하지 않겠는가? 관외로 쳐들어가는 것은 어렵지 않다. 오랑캐는 방비를 하지 않아 요동과 심양 천 리에 활을 잡고 말을 탄 자가 전혀 없으니, 무인지경과 다름없다. …… 우리나라 사람 포로가 몇 만인지 알 수 없으나 또한 어찌 내응하는 이가 없겠는가? 오늘 일은 하지 않음을 걱정할 뿐 그 이루기 어려움을 걱정할 필요가 없다.[20]

효종은 청을 통째로 정복하겠다고 허풍떨지 않았다. 모년 모월 쳐들어갈 날을 정한 것이 아니라 준비를 철저히 하고 있다가 틈이 생길 때 중심부가 아니라 관외를 치겠다고 했다. 아마 요동에서 심양에 이르는 만주 지역 점령을 목표로 했던 것 같다.[21] 효종은 한인들과 포로로 끌려간 우리 백성의 호응 가능성을 말했다. 전쟁 준비에 시달릴 국내 백성의 고통을 어쩔 수 없이 감수한다면, 현실성 있는 계획인 것이다.

효종은 청에서의 인질 생활(1637~1645) 동안 가능성을 실제화할 방안을 여러모로 찾았을 것이다. 반청 의지를 가진 한인 지도층과의 접촉도 있었을 것이다. 효종이 송시열에게 자신의 포부를 밝히던 1659년은 청나라가 들어선 지 불과 10여 년이 된 때였다. 아직도 나라 기초 다지기에 여념이 없던 시기였다. 공식적으로 명이 망한 것은 1644년(인조 22)이지만, 1659년에도 청에 저항하는 명 세력이 곳곳에 있었다. 효종은 자신감이 있었지만 40세에 너무 일찍 세상을 떠났다.

만약 효종이 60세까지 살았더라면 북벌론은 어떻게 전개되었을까?

효종이 직접 군대를 이끌고 청나라 영토로 쳐들어갔을 가능성이 크다. 효종이 바라던 '틈', 아주 커다란 틈이 생겼기 때문이다. 바로 삼번의 난(1673~1681)이 중국에서 일어난 것이다.

청이 명을 점령하는 데 큰 공을 세운 장수들이 있었다. 두드러진 활약을 보인 이들이 오삼계, 상가희, 경계무(경중명) 셋이다. 그런데 이들은 원래 청에 항복한 명나라 장수였다. 청 정부는 상을 내려 오삼계에게 운남, 상가희에게 광동, 경계무에게 복건 지방을 다스리게 하였다. 이를 삼번三藩이라고 한다. 이들은 세력이 막강했는데 특히 오삼계의 세력이 점점 더 커졌다.

삼번의 세력 확장에 부담을 느낀 청 정부는 번을 폐지해서 중앙집권화를 이루려고 했다. 상가희가 번 철폐에 응했으나, 오삼계는 거부하고 명의 부흥을 내걸며 반란을 일으켰다. 경정충(경계무의 아들)과 상지신(상가희의 아들)도 반란에 동참했다. 다른 지역에서도 반란에 호응하는 세력이 많았다. 결국 반란은 진압되었지만, 반란 초기에는 청 정부도 어찌지 못할 만큼 반란군의 기세가 드셌다.

삼번의 난이 일어났을 때 조선의 군주는 현종이었다. 오삼계의 반란 소식은 빠르게 조선으로 전해졌다. 때를 이용해 북벌을 시행하자는 상소들이 조정으로 올라왔다. 유생 나석좌·조현기 등은 "오삼계가 이미 남방을 차지하자, 몽골도 북경과 가까이하지 않고 있으니 천하의 사세 변화가 눈앞에 바싹 다가왔습니다. 이 기회를 틈타" 북벌을 추진하자고 역설했다. 그러나 현종은 신중했다. 실록에는 나석좌·조현기의 상소에 대한 현종의 대처를 이렇게 적고 있다.

상[현종]이 누설될까 염려해 비답하지 않았다.

『현종실록』, 15년(1674) 5월 16일

나석좌 등의 상소 이후 한 달 보름쯤 지난 날, 묵직한 상소가 현종에게 전달되었다. 벼슬은 없으나 학문적 권위로 경외되던 윤휴尹鑴 (1617~1680)의 북벌 상소, '대의소大義疏'였다. 오삼계의 반란과 그에 따른 중국 정세의 변동 상황을 꿰뚫고 있던 윤휴는 "효종 대왕께서는 10년 동안 왕위에 계시면서 새벽부터 주무실 때까지 군사 정책에 대해 묻고 인사를 불러들여 사전에 대비해 왔다."며 현종의 결단을 촉구했다. "때가 이르렀는데도 결단을 내리지 않으면 도리어 어지러움을 당하게 된다."고까지 했다. "우리나라의 정예로운 병력과 강한 활솜씨는 천하에 소문이 난데다가 화포와 조총을 곁들이면 넉넉히 진격할 수 있다."고 하면서 중국 각지의 반청 세력과 연합할 것을 제안하기도 했다.[22]

윤휴는 인조가 삼전도에서 굴욕을 겪은 소식을 들은 이후 과거科擧를 접고 이후 병법까지 깊이 공부하며 북벌 대의를 벼리고 있었다.[23]

윤휴는 숙종 초에 조정에 나아갔다. 1675년(숙종 1) 정월, 60세가 다 된 늦은 나이의 출사였다. 말로만 하는 북벌이 아니라 진짜 북벌을 추진하려고 나선 것이다. 북벌을 위해 군사를 길러야 하고 군사를 기르려면 백성이 안정되어야 한다. 그래서 양반들에게도 군역의 의무를 지어 군포를 내게 하자는 호포법 등을 제안했다. 양반의 특권을 폐지하려는 윤휴의 각종 주장에 양반들의 반대가 거셌다.

서인은 물론 남인들도 윤휴를 배척했다. 윤휴는 추진력은 탁월했으나 받쳐 줄 정치력이 부족해 노회한 기득 세력을 이겨낼 수 없었다. 당시 기득권층에게 윤휴는 그냥 둬서는 안 되는 위험인물이었다. 숙종도 반대 세력의 의견에 따랐고 결국 윤휴는 사약을 받게 되었다. 숙종은 윤휴라는 큰 그릇을 온전히 품기에 부담스러웠는지도 모른다.

숙종은 "응병應兵을 하는 것이 가한데, 윤휴는 의병義兵을 하려는 것이다."라고 했다. 응병은 적이 침입해 오기 때문에 부득이하여 일어나는 것이고, 의병은 어지러움을 평정하기 위해 먼저 일어난 군대를 의미한다.[24] 숙종은 수비를 말하고 윤휴는 공격을 말한 것이다.

윤휴는 강화에 돈대를 쌓는 것도 마뜩해 하지 않았다. 돈대 쌓는 열정을 북으로 쳐들어갈 군사 훈련에 쏟는 것이 낫다고 보았다. 그러나 조정은 '선수비 후역습'의 전략이었다. 숙종도 선명한 북벌 의지를 갖고 있지 않았다. 이러한 숙종의 선택이 옳았을 수도 있으나 만약 조선이 청으로 진격했다면 삼번의 난 역시 전혀 다른 상황으로 전개되었을 가능성이 크다. 삼번의 난 초기에 반란군은 중국 대륙의 3분의 2를 차지하고 있었다.[25] 이때 잘 조련된 조선의 군사들이 북으로 향했더라면, 물론 반란 세력과의 연계 속에서, 청은 결정적인 타격을 입었을지도 모른다.

결과적으로 북벌은 이루어지지 않았다. 그렇다면 대외적으로 현실적인 이득이 전혀 없었던 것일까? 북벌운동은 청으로 하여금, 조선이라는 나라를 결코 만만하게 볼 수 없음을, 조선은 함부로 대할 수 있는 나라가 아님을 일깨운 사건[26]이었다. 이 자체가 성과라고 볼 수 있다.

수종, 강화를 품다

북벌 의지가 담긴
벌대총 전설과 강화도 목장

효종이 북벌의 칼을 갈며 전국적으로 명마를 구할 때였다. 바위에서 태어난 용마가 강화에 있다는 소문이 자자하였다. 강화유수가 가서 보니 과연 명마인지라 임금에게 올렸다. 말을 본 효종이 크게 기뻐하며 벌대총伐大驄이라는 이름을 지어 주었다. 효종은 벌대총을 북벌을 이루라는 하늘의 선물로 여기며 아꼈다.

그러던 어느 날 벌대총이 병들었다. 백방으로 손을 썼으나 고치지 못했다. 낙담한 효종은 벌대총이 죽었다는 소리만큼은 절대 듣고 싶지 않았다. 하여 그 누구든 벌대총이 죽었다는 소리를 하면 목을 베리라 명하였다. 문무백관은 벌대총이 다시 일어나기를 고대했으나 결국 죽고 말았다. 누구도 임금에게 고하지 못한 채 사흘이 흘렀다. 감히 나서는 관리가 없었는데, 그중에 한 사람이 나서서 임금에게 아뢰었다.

"황공하오나 벌대총이 일어나지 못한 지가 사흘입니다."

"벌대총이 어찌 되었다는 소리냐?"

"벌대총이 아무것도 먹지 못한 지 사흘이옵니다."

"그래서?"

"벌대총이 숨 쉬지 못한 지 사흘이옵니다."

"뭐라? 그러면 벌대총이 죽었다는 소리냐?"

"예."

결국, 벌대총이 죽었다는 말을 효종 스스로 뱉었고, 사실을 고한 신하는 무사했다.[27]

효종에게 벌대총은 북벌의 의지를 다지는 상징이기도 했을 것이다. 그러므로 벌대총의 죽음은 북벌의 좌절을 암시하는 것으로 읽힌다.

벌대총이 태어난 곳은 진강산 바위라고도 하고, 진강산 꼭대기 샘에서 나왔다고도 한다. 이름난 산들이 강화에 많은데 왜 하필 진강산일까? 그것은 진강산 주변에 강화에서 제일 큰 마목장馬牧場이 있었기 때문이다.

조선 전기 전국적으로 180여 개의 목장이 설치되었고 그 안에서 많을 때는 4만 필 정도의 말이 자랐다.[28] 말을 기르는 것은 국방의 문제이기에 병조에서 업무를 맡았는데 병조 아래 사복시라는 관청에서 실무를 담당했다.

가장 대표적인 목장지는 말할 것도 없이 제주였다. 제주에서는 일찍부터 말을 길렀다. 대규모로 조직적인 말 사육이 시작된 것은 고려 말인 1276년(충렬왕 2)이다. 이때는 삼별초의 항쟁까지 모두 끝난 원 간섭기였다. 원은 제주에 몽골식 목마장을 설치하고 몽골

말을 옮겨와 기르게 했다.

조선 시대에도 제주도는 제일의 말 생산지였다. 전국 말의 절반 정도가 제주에서 나왔다. 제주는 말을 기우는 데 탁월한 자연조건을 갖추고 있었다. 그렇지만 단점도 있었다. 육지에서 너무 멀어서 수송이 불편한 것이다. 강화도가 목장으로 주목받은 이유가 여기에 있다.

강화도는 한양과 가까워 목장을 감독하는 관리들이 드나들기 편하고 말을 수송하는 데도 어려움이 별로 없었다. 토지가 비옥하고 풀이 잘 자랐으며 물도 부족하지 않았다. 다만 제주와 달리 겨울에 추워서 말 사료를 별도로 준비해야 하는 번거로움이 있었다. 어찌 되었든 강화도는 제주 다음으로 주목받는 목장지가 되었다.

강화에 목장 설치를 적극 추진한 왕은 태종이었다. 1413년(태종 13)에 태종은 사복시의 청을 받아들여 길상산에 담장을 두르고 100여 필의 말을 방목했다. 2년 뒤인 1415년(태종 15), 태종은 강화도를 통째로 목장으로 만들려고 했다. 비록 실행되지는 않았지만, 태종이 얼마나 열성으로 군마 육성에 매달렸는지 짐작할 수 있다.

조선 시대 강화도에 설치되었던 목장은 대략 10개 내외였다. 진강목장과 북일목장 외에 매음도, 신도, 장봉도, 송가도, 주문도, 볼음도, 말도 등에 목장이 설치되었다. 지금의 강화 본섬 남부 지역과

삼산면(석모도), 서도면(주문도, 볼음도, 말도) 지역에 목장이 있던 것이다. 신도와 장봉도는 인천시 옹진군에 속해 있지만, 조선 시대에는 강화에 포함되어 있었다.[29] 태종 때 설치된 길상목장은 진강목장으로 통합되었다.

진강목장(둘레 41리)은 많을 때는 1,700여 필, 적을 때는 150필 정도의 말을 키웠다. 둘레 30리 규모인 매음도목장과 둘레 5리 규모인 북일목장에서는 300필 내외의 말이 자랐다.[30]

임진왜란으로 전국이 쑥대밭이 되고 설상가상 정묘·병자호란까지 겪었다. 말도 말이지만 민생의 안정이 시급했기에 목장은 줄어들 수밖에 없었다. 전쟁 전, 4만 필 정도 되던 수가 1663년(현종 4)에는 2만 필로 절반으로 줄었고 강화도의 목장도 쇠락의 길로 들어섰다. 폐지되었다가 복구되는 등 변화를 겪으면서 쇠퇴하여 갔다. 강화도는 말 생산지보다는 전란에 대비한 보장처로서의 기능이 더 요구되었다.

인조 때 강화의 목장이 부분적으로 폐지되었다. 효종도 처음에는 목장을 농경지로 바꾸는 정책을 추진했다. 그러나 신하들의 반대를 무릅쓰고 다시 목장을 복구하여 군마를 기르는 데 힘을 기울였다. 1649년(인조 27) 유수 조계원의 청에 의해 혁파되었던 진강목장을

강화부 목장지도

부산대학교 도서관 소장.
강화도에는 진강장·북일장·매음도·주문도·장봉도·신도·걸
도·보로도·미법도 등 9곳에 목장이 있었는데, 보로도·미법도
등 3곳이 폐지되고 6곳만 운영되고 있음을 알 수 있다.

1659년(효종 10)에 다시 열었다.[31] 북벌 의지의 표현이었다.

숙종 때에도 강화유수들의 목장 폐지 요청이 거듭되었다. 즉위 초인 1675년(숙종 1) 강화유수 정익이 목장 폐지를 청했다. 신하들의 찬반 의견이 치열했다. 숙종은 "목장은 처음부터 뜻이 있어서 한 것이니 이제 경솔히 고칠 수는 없다."[32]라고 하며 거절했다. 1683년(숙종 9) 강화유수 조사석도 목장 혁파를 요구했으나 받아들여지지 않았다. 1708년(숙종 34)에 강화유수 박권이 진강목장의 혁파를 요청했을 때는 폐지로 결정되었다. 북일목장도 민진원 유수 때인 1711년(숙종 37)에 폐지되지만, 영조 때인 1742년(영조 18)에 가서 다시 설치되었다.

숙종 때 강화유수로 부임하는 사람마다 목장 폐지를 촉구한 이유는 말다운 말이 생산되고 있지도 않으면서 말들로 인해 백성들이 겪는 피해가 막대하며 목장 치우고 농경지로 만들면 군량을 풍부히 할 수 있고 군병을 키울 수 있었기 때문이었다. 돈대가 완성되고 이에 따라 진보체제가 확립되었지만, 강화유수부는 이를 운영하는 데 필요한 경비가 부족했다. 군병도 부족하여 목장을 농경지로 만들어 부족분을 충당하려고 했던 것이다. 하지만 강화도 목장 폐지가 강화도의 군사력 보강에 기대만큼 큰 도움이 되지는 못했다.

3

왕권 강화를 위한
숙종의 노력

肅宗

덕진진에 행궁을

상평통보의 시대를 열다

대동법의 완성

정종과 단종을 살려내다

숙종이 든 칼, 환국정치

5군영 체제를 확립하다

덕진진에 행궁을

조선 시대에는 전국 여러 곳에 행궁行宮이 설치되었다. 행궁은 왕이 한
양을 떠나 지방에 머물 때 사용하기 위해 지은 별도의 궁궐이다. 왕이
한양 궁궐을 비울 일이 별로 없기는 했지만 외적의 침략으로 어쩔 수 없
이 한양을 비워야 할 때 행궁은 꼭 필요했다. 그밖에 능원陵園 참배나 휴
양의 목적으로도 해당 지역에 행궁이 세워졌다. 남한산성 행궁은 전란
대비용이고, 화성행궁은 정조가 아버지 사도 세자의 무덤에 갈 때 주로
사용하던 능원 참배용이고, 온천이 유명한 온양행궁은 휴양용이다.

강화행궁은 당연히 전란 대비용이었다. 정묘호란 때 인조가 강화에
머물렀지만, 그때는 정식 행궁이 없었던 것 같다. 인조는 전쟁이 끝난
후인 1631년(인조 9)에 강화행궁을 짓도록 명령했다. 그런데 병자호란
때 청군에 의해 강화행궁이 불타 버렸다. 숙종이 즉위했을 때 강화도
에는 행궁 터만 남아 있었다. 당시 이형상은 행궁이 "정축년 난리에 타
버려서 근년에 지은 객사 이외에는 임금이 출어할 곳이 없기에 식자識
者들이 근심한다."[1]고 했다.

1677년(숙종 3), 불은면 덕진진에 행궁이 들어섰다. 숙종이 1676년

에 덕진진에 행궁을 짓도록 강화유수에게 명했고, 다음 해에 40여 칸 규모의 행궁이 완성된 것이다. 행궁의 이름은 덕진정사德津亭舍였다.

1682년(숙종 8) 숙종은 제방을 쌓아도 논을 만들 수 없는 곳에 갈대를 길러서 그 갈대를 엮어 덕진정사의 벽을 덮으라고 지시했다.[2] 이처럼 소소한 지시까지 내린 것을 보면 덕진정사에 대한 숙종의 관심이 각별했던 것 같다.

그럼 행궁을 덕진진에 지은 이유를 알아보자. 읍내로 가는 길인 갑곶 앞바다는 겨울에 유빙流氷이 가득 차는 날이 잦았다. 얼음덩이가 차면 뱃길이 끊겨 만약 그럴 때 임금이 강화로 피난할 일이 생기면 큰일

신분에 따라 다르게 부르는 무덤의 이름

무덤은 묻힌 이의 신분에 따라 다른 이름으로 불렸다. 능陵은 왕과 왕비의 무덤이고 원園은 세자와 세자빈의 무덤 그리고 왕을 낳은 부모의 무덤이다. 능·원이 아닌 모든 무덤은 묘墓라고 했다. 왕의 아들 가운데 세자의 무덤만 '원'이고, 나머지 왕자들의 무덤은 그냥 '묘'이다. 연산군 묘, 광해군 묘처럼 폐위된 왕의 무덤도 묘로 부른다. 원종(인조의 아버지)처럼 사후에 왕으로 추증된 추존왕의 무덤도 '능'이다.

무덤의 명칭 변화를 사도 세자를 통해 살펴보자. 영조의 아들이자 정조의 아버지인 사도 세자는 세자에서 폐위되어 죽임을 당했기 때문에 수은묘垂恩墓라고 불렸다. 정조는 즉위하자마자 아버지 묘를 원으로 올려 영우원永祐園이라고 하고 얼마 뒤 영우원을 현륭원顯隆園으로 고쳤다. 1899년 고종은 사도 세자를 임금(장조)으로 추존하고 융릉隆陵이라는 이름을 올렸다. 즉 사도 세자의 무덤은 사후에 수은묘 → 영우원 → 현륭원 → 융릉으로 격상되었다.

이었다. 하지만 덕진진 앞바다는 상대적으로 유빙이 덜했다. 겨울에도 물때만 맞으면 건널 수 있었다. 덕진진이라는 방어 부대가 있기 때문에 안전하다는 점도 고려되었을 것이다. 이러한 이유로 덕진진에 행궁을 지은 것으로 보인다.

덕진정사가 창건된 해에 '강화읍성'과 화개산성의 개축도 이루어졌다. 몽골 침략 당시 강화로 천도한 고려 조정은 내성·외성·중성을 쌓고 몽골에 맞섰다. 하지만 몽골과 화의를 맺으면서 성들을 헐어야 했

덕진진
초지진과 광성보 중간 지점이다. 남장포대와 덕진돈대를 볼 수 있다.

다. 그리고 조선 초에 고려의 내성을 바탕으로 성을 쌓았지만, 병자호란 때 또 파괴되었다. 그래서 1677년에 강화유수 허질許秩이 고쳐 쌓은 것이다. 오늘날 규모로 새롭게 확장된 것은 숙종의 재위 후반기인 1711년(숙종 37)이었다.

1677년 교동도 화개산에서는 산성 수축修築 공사가 시작되었다.[3] 화개산성華盖山城이 처음 세워진 정확한 시기는 모르지만 삼국 시대쯤에 조성된 것으로 알려져 있다. 화개산성은 이후 필요에 따라 정비가 이루어졌다. 숙종 때 경기수사京畿水使 유비연이 화개산성 수축을 건의하고 임금이 허락하면서 대대적인 공사가 진행되었다. 실록에 '작은 강도

江都'⁴로 표현될 만큼 교동도는 전략적으로 중요한 섬이었기 때문에 자연히 숙종의 관심도 미칠 수밖에 없었다.

이후 덕진정사는 어떻게 되었을까? 또한 지금의 고려궁지 안에 있었다는 강화행궁은 언제 지은 것일까? 다음 사료를 통해 답을 찾아보자. 이것은 1710년(숙종 36) 강화유수 민진원이 숙종에게 보고하고 논의한 것 가운데 덕진정사에 대한 내용이다.

"덕진만호德津萬戶의 진사鎭舍 뒷산에 수십 칸 정사亭舍가 있으니, 곧 병진·정사 연간에 유수 허질이 창건한 것이라 합니다. 대체로 위급한 때를 맞이하여 갑곶이 성엣장에 막힌 경우 대가大駕는 마땅히 광성진廣城津을 거쳐 건너야 하고, 건넌 뒤에는 잠시 이에 주필駐蹕하기 위한 것입니다. 그러나 신의 생각은 대가가 나루를 건넌 뒤에 곧바로 성 안으로 들어갈 것이므로 주필할 일이 없을 듯하니, 이 정사의 설치는 매우 긴요치 않습니다. 또 그곳은 지대가 매우 높아 수십 칸 빈 정사는 해마다 퇴락되니, 본부의 잔폐한 물력物力으로 보수하는 역사를 실로 감당하기 어렵습니다. 만약 위급한 사태에 힘이 될 수 있다면 어찌 감히 그 물력을 따지겠습니까마는 이는 매우 긴요치 않습니다. 문수산성을 설치한 뜻은 대체로 갑작스런 주필을 위해서이니, 이 정사를 철거하여 문수산성 안으로 옮기면 타당할 듯싶습니다. 신이 통진부사와 상의하니, '조정의 명령이 있으면 옮겨 세우는 것이야 무어 어렵습니까?' 하였고, 우의정 김창집은 아뢰기를, '강화의 관사官舍가 아주 좁아서 위급에 임하여 주필할 때에 역시 신료들을 접견할 곳이

고려궁지

고려의 궁궐이 있던 자리이다. 사진 속 건물은 외규장각과 명위헌이다.

없습니다. 관사 뒤에 한 공지가 있는데 과거 어느 유수가 행궁을 지으려고 했는지는 알 수 없으나 터를 닦고 초석을 놓았으나 지금까지 이루지 못하였으니 이 정사를 철거하여 이곳에 옮겨 세우면 좋겠습니다.'고 하였습니다. 신은 이 두 말이 어느 것이 옳은지는 알 수 없으나 감히 이를 여쭙니다." 하니, 임금이 이르기를 "나루 건너편에 이 정사를 세움은 실로 의의가 없고 그대로 두는 것도 긴요치 않다. 우상右相의 생각이 아주 좋으니, 이에 의하여 하도록 하라." 하였다.

『비변사등록』, 숙종 36년(1710) 8월 27일

강화행궁도

조선후기 제작된 『강화부궁전도江華府宮殿圖』의 행궁 부문 민진원은 1676년(병진년)에서 1677년(정사년)에 유수 허질에 의해 덕진정사가 세워졌음을 말하면서 유지·관리의 어려움을 호소했다.

왕이 덕진진에 도착했다 해도 바로 부성 안으로 들어가면 되지 일부러 덕진정사에서 주필駐蹕(임금이 행차하다가 잠시 어가를 멈추고 머무르거나 묵던 일)할 필요가 없을 것이다. 그러니 덕진정사를 문수산성 안으로 옮기는 것이 어떨까 하고 물었다. 반면 우의정 김창집은 덕진정사를 강화부 안으로 옮기는 것이 좋다는 의견을 올렸다. 숙종은 우의정의 의견이 좋겠다며 덕진정사를 강화부 안으로 옮기게 했다.

숙종의 명에 따라 민진원은 덕진정사를 폐하고 1711년(숙종 37)에 강화행궁을 지었다. 오늘날의 고려궁지 안이다. 이때 강화행궁 지은 것을 개건改建이라고도 하는데, 개건보다는 새로 지었다고 보는 것이 옳다. 우의정의 말에서 "관사 뒤에 한 공지가 있는데 과거 어느 유수가 행궁을 지으려고 했는지는 알 수 없으나 터를 닦고 초석을 놓았으나 지금까지 이루지 못하였으니" 하는 부분을 주목할 필요가 있다.

1714년에는 강화유수 김진규가 '行宮'이라는 편액을 써서 걸었다. 행궁은 왕이 사적으로 머무는 침전寢殿 구역과 신하들과 정사를 논하는 편전便殿 구역으로 구성되는 것이 일반적이다. 그런데 강화행궁은 편전 구역 없이 침전 구역만 갖추고 있었던 것 같다.[5] 행궁 영역 아래 자리 잡은 강화부 관아를 편전으로 사용하면 되니까 별도로 편전을 세울 필요가 없었을 것이다.

상평통보의 시대를 열다

화개산성과 '강화읍성'을 고쳐 쌓고 행궁으로 덕진정사를 세운 다음 해인 1678년(숙종 4), 숙종은 상평통보를 만들어 세상에 내놓았다. 조선 후기 유통경제에 커다란 변화를 가져오는 사건으로 당시 숙종은 18세였다.

동전銅錢은 동으로 만든 화폐를 가리킨다. 동전은 조선 시대에 엽전이라고 불렸는데 엽전의 엽葉 자는 '낙엽 엽'이다. 동전은 구리 등을 녹여 동전 모양의 거푸집에 부었다가 굳은 후에 꺼내어 만들었다. 한 번에 여러 개의 동전을 만들기 위해 거푸집을 나뭇가지에 여러 개의 잎사귀가 매달린 모양으로 만들었다.[6] 잎사귀마다 하나씩 동전을 뱉어내기 때문에 엽전葉錢이라는 이름으로 불리게 되었다.

동전 유통 노력은 고려 시대부터 계속되어 왔지만, 조선 전기까지도 실효를 거두지 못했다. 세종은 1423년(세종 5) 조선통보를 주조하게 하면서 동전 유통책을 펼쳤다. 관리들에게 녹봉으로 동전을 지급하기도 했고, 세금 일부를 동전으로 내게도 하였으며, 시중에 동전 사용을 강제하기도 했다. 그러나 당시는 유통 경제가 발달하지 못하였기에 세종

의 노력은 수포로 돌아갔다. 동전의 주원료인 동이
부족해 공급에 한계가 있었던 것도 문제였다.

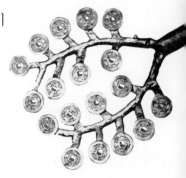

나뭇잎을 닮은 엽전 주조 틀
화폐박물관 소장

사람들은 여전히 삼베, 무명, 모시 같은
옷감이나 벼, 쌀 등의 곡식을 교환 수단으
로 선호하였으며 동전의 필요성을 느끼지
못했다. 하지만 숙종은 상평통보를 내세워
현물 경제 시대를 마감하고 화폐 경제 시대를
열었다.

임진왜란 이후 화폐 주조의 필요성을 말하는 신하들이 늘어났는데
다음 글은 호조에서 선조에게 아뢴 것이다.

- 대체로 쌀과 베는 사람들이 입어야 하고 먹어야 하는 것인데, 만일
  별도로 화폐가 없고 입고 먹는 것으로 화폐를 삼는다면 부자들이
  많이 쌓아 놓고 이익을 독차지하게 되어 가난한 사람들은 입을 수
  도 먹을 수도 없게 될 것입니다. 공사公私가 모두 곤궁하게 된 것이
  오로지 이 때문입니다. 만일 입고 먹는 것 이외에 별도로 이른바
  화폐란 것이 통용하게 된다면 화폐는 공사 간에 다 같이 비축될 수
  있고 쌀과 베는 누구나 입고 먹는 데에만 사용하게 될 것입니다.

- 돈을 주조해 온 나라 안에 유포시킨다면, 이는 실로 무에서 유를
  창조하게 되는 것으로, 백성을 넉넉하게 하고 나라를 풍족하게 하
  는 것도 이로 인해 이룩할 수 있을 것이니, 국가의 재정이 탕갈되

는 문제는 말할 필요도 없게 될 것입니다.

• 다만 생각해 보건대, 우리나라 사람들은 모든 일에 있어 본래 오래
참지 못하여 천하의 폐단이 없는 일도 시작했다가 오래지 않아 중
간에 그만두고 마니, 자못 온당치 못한 일입니다. 일을 시작할 때
충분하고 신중하게 생각해서 좋은 쪽으로 잘 처리하여 오래오래
시행할 수 있는 방도를 마련하는 것이 합당합니다.

『선조실록』, 36년(1603) 5월 23일

첫 번째 글에서 보듯 신하들은 쌀과 옷감은 먹고 입는 본연의 기능
에 맞게 쓰도록 하고 화폐로 통화 수단을 대신하게 해서 민생을 안정
시켜야 한다고 했다. 화폐 유통의 목적이 백성을 위함이라 강조하면서
나라에도 이득임을 말했다. 두 번째 글에서는 화폐 유통을 통해 국가
재정이 넉넉해질 수 있음을 명시했다. 화폐 주조의 목적으로 국가 재
정 확보를 말한 것이다. 그러나 선조 대에도 성과를 얻지 못했다.

효종은 경기의 대동미 일부를 돈으로 내게 하고 십전통보를 발행하
는 등 통화 정책을 펼쳤으나 그의 노력도 의미는 있었으나 성과가 미
흡했다. 마지막에서 걱정한 대로 "우리나라 사람들은 모든 일에 있어
본래 오래 참지 못하여 천하의 폐단이 없는 일도 시작했다가 오래지
않아 중간에 그만두고" 말았기 때문이다.

임진왜란의 후유증을 극복하면서 농업 생산력이 회복되어 갔다. 모
내기 농법이 널리 보급되면서 생산력이 더욱 증대하여 상공업 활동에

활기가 돌면서 화폐유통의 기반이 조성되었다. 왕과 조정의 노력 덕분으로 숙종 이전에 한양과 개성 그리고 그 주변 지역에서 동전이 유통되고 있었다.[7] 현종 대에 강화에서도 동전이 사용되었다.[8]

전국에 화폐가 유통되게 하는 일은 숙종의 몫이었다. 1678년(숙종 4) 숙종은 상평통보를 주조하여 보급하기 시작했다. 동전 앞면에 '상평통보常平通寶'라고 새겼다. '떳떳이 평등하게 널리 통용되는 보배'[9]라는 의미였다. 1개의 액면가치는 1문文이며, 10문은 1전錢, 100문은 1냥兩이었다.[10]

동전 뒷면에는 돈을 만든 관청의 이름을 한 글자로 표기하였다. 호조에서 만든 것은 '戶'라고 쓰고 공조에서 주조한 것은 '工'으로 쓰는 식이다. 당시는 호조, 상평청, 진휼청, 어영청, 사복시, 훈련도감, 수어청 등에서 상평통보를 주조했다. 또한 일부 지방의 감영과 병영에서도 주조할 수 있게 했다.[11] 강화도에서도 한때 상평통보를 주조했는데 뒷면에 '沁' 자를 새겼다. 강화의 다른 이름이 심도沁都라서 심도의 '심沁'

흥선대원군이 발행한 당백전

당백전은 흥선대원군이 경복궁 중건 비용 마련 등을 위해 발행한 화폐로, 당백전 역시 상평통보이다. 상평통보 1문이 100개와 맞먹는다 하여 당백전이라 불렀다. 기존 상평통보의 100배 가치를 부여한 고액 화폐인 당백전은 앞면에 '상평통보常平通寶', 뒷면에는 '호대당백戶大當百'이라고 새겨져 있다.

을 쓴 것이다.

이처럼 여러 곳에서 동전을 주조했기 때문에 동이 많이 필요했다. 부족한 동은 일본에서 대량 수입하는 방법으로 해결했다. 선대에 화폐 유통이 실패했던 원인 가운데 하나가 화폐량 부족이었다. 그래서 일단 화폐 주조 양을 늘려서 시중에 유통시키는 정책을 편 것이다. 물론 무한정 주조한 것은 아니다. 그러면 화폐의 가치가 떨어지기 때문이다. 필요에 따라 주조 중단과 재개를 거듭하면서 수요와 공급의 균형을 맞추고자 했다. 원칙적으로 호조 한곳에서만 동전 만드는 일을 하게 하는 등 탄력적인 변화도 꾀했다.

숙종은 백성에게 화폐의 필요성을 체감하게 하려고 세금 일부를 상평통보로 납부하게 했고, 진휼청에서 환곡을 거두어들일 때도 일부는 상평통보로 내게 했다. 군역으로 납부해야 하는 군포 2필 가운데 1필도 역시 상평통보로 내게 했다. 흉년이 들어 굶주린 백성을 진휼할 때도 쌀 대신 화폐를 지급했다.

동전을 녹여 놋그릇을 만들기도 했던 백성이 이제 놋그릇을 녹여 위조 동전을 만들 만큼 상평통보는 백성의 실생활로 파고들었다. 조선 후기에 작성된 전국의 매매명문賣買明文을 분석한 한 연구에 의하면, 1690년대에 동전을 이용한 매매가 30.3%였다. 1700년대에는 매매 결제 수단의 60%가 동전이었고 1710년대에는 89.1%의 매매가 동전으로 이루어졌다.[12] 이것은 숙종 대의 일관된 정책과 지속적인 추진력 덕분이었다.

대동법의 완성

조선 시대에는 백성들이 과도한 세금 징수로 인해 밥을 굶었다. 양반들 떼어먹는 세금을 고스란히 백성들이 감당해야 하는 일도 흔했다. 『동문선』에 실린 성간(1427~1456)의 '원한의 노래'를 통해 당시의 상황을 알아보자.

새벽밥 먹고 밭에 나가 온 하루 땀 흘려 일하다가
해 저물어 집에 와서는 눈물로 얼굴 적시네

낡은 옷은 해어져 두 팔꿈치 다 나오고
쌀독은 텅 비어 낱알 한 알 없는데

굶주린 어린것들 옷을 잡고 울지만
어디 가서 구해오리 죽 한 사발인들

마을의 관리는 세금 내라 야단치다 못해
늙은 아내를 묶어 가는구나[13]

당시 백성들은 전세田稅라고 부르는 토지세, 노동력을 제공하는 요역과 군역, 각 지방의 특산품 그러니까 공물을 내야 하는 공납을 내야 했다. 이 가운데 가장 부담이 컸던 것이 공납이었다.

납부해야 하는 공물의 종류와 액수가 고을별로 할당되었기 때문에 주민이 줄어들수록 남아 있는 사람들에게 부담이 더해졌다. 중앙으로 운반한 공물을 해당 관청에 내려면 일종의 품질검사를 받은 뒤 합격해야만 납부를 끝낼 수 있었다.

그릇이나 종이 같은 것은 괜찮지만 농작물이나 수산물은 신선도를 유지하기 어려웠다. 불합격당할 가능성까지 대비해 더 많은 양을 준비해야 했다. 때로는 공물의 합격 여부를 결정하는 관리들의 농간으로 백성의 부담이 더해지기도 했다. 뇌물이 필요해진 것이다.

그 지방에서 생산되지 않는 물품을 공납으로 부과하는 일도 흔했다. 예를 들어 강화도 주민들에게 제주도에서 나는 귤을 내라고 하는 식이다. 백성들은 공물을 구하기 위해 생계를 제쳐둔 채 사방을 돌아다녀야 했다.

그런데 조선 시대 강화도 주민들은 무엇을 공납으로 냈을까? 뜻밖에 강화도의 공납 물품을 찾기 어렵다. 『속수증보강도지續修增補江都誌』(1932)에 강화에서 생산되는 것들을 소개한 내용이 있는데, 그 가운데 드문드문 공물이었다고 적혀 있다. 그것은 약쑥, 화문석, 참게 등이다. 철종 때는 참외가 공물에 포함되었다. 철종이 왕이 되기 전 강화에서 살 때, 참외를 특히 좋아해서 즉위 후에도 강화도 참외를 즐겼다고 한다.

수령들은 자기 마을에 할당된 공물을 기일 안에 납부해야 했다. 그러지 못하면 자리를 잃을 수도 있었다. 『경국대전』에 '공물을 바치지 못한 고을원에 대해서는 임금에게 보고하여 파면시킨다.'는 내용이 있다.[14] 많은 수령이 자리 보존을 위해서 백성들을 들볶아 할당액을 채웠다.

또한 여러 지역에서 공납이 방납이 되어 갔다. 방납이란 재력을 가진 누군가가 일정 지역의 공납을 대신 납부해 주고 나중에 백성들에게 그 대가를 받아가는 것이다. 하지만 방납 또한 백성의 부담액이 열 배 이상 증가했다.

양반 지주와 대상인들은 방납, 즉 공납대행업을 하면서 큰 이익을 남겼다. 왕족이 대리인을 내세워 공납대행업에 뛰어들기도 했다. 공납을 감당할 수 없게 되자 농민들은 삶터를 버리고 이리저리 떠돌게 되었다.

그러자 일부 지방에서 공납에 대한 새로운 대응이 나타나기 시작했다. 마을 농토에서 균등하게 쌀을 징수해서 그 쌀로 마을에 할당된 공물을 일괄적으로 구매해서 납부하는 것이다. 이를 사대동私大同이라 한다. 1569년(선조 2), 이율곡은 사대동을 법으로 정해서 전국적으로 시행하자고 건의하지만 반대가 많아 실현되지 못했다.

1592년(선조 25), 임진왜란이 일어나자 정부는 군량미 확보가 급해졌다. 1594년 영의정 유성룡의 건의로 공납을 쌀로 거두는 대공수미법代貢收米法을 실시하게 된다. 그런데 1년도 안 돼서 수미법을 폐지하였다. 전쟁의 와중에 쌀이 쉽게 걷힐 리 없었고, 정부가 직접 각종 물품을 사들이는 일도 쉽지 않았기 때문이다.

광해군이 즉위한 해인 1608년에 대공수미법이 보완을 거쳐 다시 시행되었다. 선혜청에서 이 일을 맡았는데 전국적으로 실시하지 않고 경기도에서만 하도록 했다. 이것이 바로 대동법의 시작으로 전한다.[15]

> 선혜청을 설치하였다. 전에 영의정 이원익이 의논하기를, "각 고을에서 진상하는 공물이 각사의 방납인들에 의해 중간에서 막혀 물건 하나의 기격이 몇 배 또는 몇 십 배, 몇 백 배가 되어 그 폐단이 이미 고질화되었는데, 기전(경기 지방)의 경우는 더욱 심합니다. 그러니 지금 마땅히 별도로 하나의 청廳을 설치하여 매년 봄 가을에 백성들에게서 쌀을 거두되, 1결당 매번 8말씩 거두어 본청에 보내면 본청에서는 당시의 물가를 보아 가격을 넉넉하게 헤아려 정해 거두어들인 쌀로 방납인에게 주어 필요한 때에 사들이도록 함으로써 간사한 꾀를 써 물가가 오르게 하는 길을 끊으셔야 합니다." 하니, 따랐다.
>
> 『광해군일기』, 즉위년(1608) 5월 7일

이제 경기도 주민들은 방납의 부담에서 벗어나 공물 대신 일정량의 쌀을 내면 된다. 정부는 백성들에게 받은 쌀로 나라에서 필요한 물품을 샀다. 경기도에서 시작된 대동법은 세월을 거쳐 가며 여러 지역으로 확산되었다. 1708년(숙종 34)에는 황해도까지 대동법이 시행되는데 1608(광해군 즉위년)에 시작된 이후 전국으로 확대 시행되기까지 100년이 걸린 셈이다.[16]

공납을 쌀로 내게 하는 대동법은 강화도 비축곡備蓄穀의 확대를 가능하게 한 중요한 요인이 되었다. 정묘호란을 겪은 후 인조는 강화를 지키려면 적어도 4~5만의 병사가 필요하다고 여겼다. 호조판서 김신국은 그 정도 병력을 유지하려면 10만 석의 군량이 필요하다고 말했다.[17] 10만 석의 군량을 강화도에 비축하는 일은 쉬운 일이 아니다. 인조 대에는 강화에 대략 4만 석을 비축할 수 있었다. 그런데 삼남지방의 대동미를 비축곡으로 받으면서 현종 대에 10만 석을 넘기게 되었고 숙종 대에 이르러 16만여 석까지 확보하게 되었다.[18]

나라에서 필요한 물품을 나라에서 직접 구매하게 되면서 상공업이 발달하게 되었다. 특히 숙종이 세금으로 상평통보를 낼 수 있게 하면서 화폐유통의 촉진이라는 결과도 가져왔다.[19]

이후 대동법 시행의 취지와 운영이 변질되며 백성의 부담이 다시 증가하게 되지만, 그래도 대동법의 시행은 가진 자에게 많이, 못 가진 자에게 적게 세금을 징수한다는 조세 정의를 실현하려는 노력으로 평가할 수 있다. 또한 요역의 상당 부분을 차지하고 있던 공물의 생산·조달·운송의 부담이 사라진 것도 무시하지 못하는 성과이다.

정종과 단종을 살려내다

조선의 네 번째 임금은 세종이다. 세종의 큰아들은 문종, 둘째 아들은 수양대군, 셋째 아들은 안평대군이다. 장남으로 왕위를 계승한 문종이 일찍 죽고 그의 어린 아들 단종이 12세의 나이에 즉위하였다. 수양대군은 동생 안평대군을 강화도로 귀양 보냈다가 죽였다. 그리고 정변을 일으켜 조카인 단종(1441~1457, 재위 1452~1455)을 내몰고 왕이 되었다. 그가 세조다.

세조의 왕위 찬탈을 비판하며 단종을 다시 왕위에 모시려는 단종 복위 운동이 은밀하게 추진되었다. 그러나 비밀이 들통 나고 주동자들은 처형당했다. 대표적인 인물이 박팽년, 성삼문, 이개, 하위지, 유성원, 유응부로 이들을 사육신死六臣이라고 부른다. 불똥은 단종에게도 튀었다. 수양대군에게 왕위를 빼앗기고 이름뿐인 상왕의 자리에 앉아 있다가 노산군魯山君으로 강봉되어 강원도 영월로 유배 간 것이다. 그리고 몇 개월 뒤 유배지 영월에서 죽임을 당했다.

결국 사육신은 역사의 죄인이 될 수밖에 없었다. 세조의 후손들에게 조선의 왕위가 이어지고 있는 현실에서 사육신을 입에 담는 것 자체가 껄끄러운 일이었다. 함부로 그들을 옹호했다간 날벼락이 떨어질지도 몰랐다. 실제로 『육신전』을 쓴 남효온은 부관참시를 당했다.

후대에도 사육신은 당연히 부정적으로 보일 수밖에 없다. 선조는 사육신을 냉소적으로 봤다. "저들은 충신이 아니다. 충신이라면 단종이 세조에게 왕위를 넘긴 날, 바로 자결해야 했다. 아니면 조정을 떠나 백이·숙제처럼 살아야 했다. 새 왕 세조에게 무릎 꿇고 고개 숙여 충성을 다할 듯하다가 뒤늦게 단종 복위를 꾀한 행위를 어찌 옳게 볼 수 있는가."라는 것이 선조의 생각이었다.[20] 다른 왕들도 크게 다르지 않았을 것이다.

1680년(숙종 6) 강화유수 이선이 위험해 보이는 상소를 숙종에게 올렸다. 성삼문 등 사육신의 죄를 용서하고 반역이라는 죄명을 씻어 주자는 요청이었다. 상소에서 세조의 즉위가 천명이었음을 말하며 정통성을 부인하지 않았고, 또 세조가 사육신을 일러 '금세의 난신이나 후세의 충신'이라고 평가한 점을 덧붙이기는 했으나, 어찌 되었든 사육신의 복권을 말한 것은 용기가 필요했다.

당시 사육신을 긍정적으로 평가하는 것은 죄였다. 세조의 즉위에 문제가 있음을 인정하는 것으로 받아들여질 수 있기 때문이었다. 세조의 흠결은 세조의 후손인 지금의 왕 숙종의 흠결이 되기도 하였다. 이선의 상소에 조정은 일순 긴장했을 것이다. 여차하면 상소를 올린 이선이 다칠 수 있는 상황이었다. 그런데 숙종은 "걱정과 사랑의 마음으로 진언하는 정성을 내가 아주 가상하게 여긴다."고 하였다. 숙종은 사육신에 대한 복권 요청을 바로 수용하지는 않았으나, 선비들이 사육신을

존경하여 받드는 것은 금지하지 않겠다고 말했다.[21]

강화도 해안에서 외성 공사가 벌어지고 있던 1691년(숙종 17) 9월 어느 날, 숙종은 성삼문의 무덤 앞에 있었다. 궁궐 밖 행차 중 길가에 있는 사육신의 무덤을 보게 된 것이다. 숙종은 제사를 올리게 하고 이때 사육신에 대한 복관 조치도 내리려 했으나 신하들이 좀 더 신중하게 처리할 것을 거듭 청하기에 보류했다.[22] 그러나 같은 해 12월, 숙종에 의해 사육신이 복권되었다. 사육신을 살리고 세조도 살리는 숙종의 비망기를 보자.

해조該曹(해당 관청)에 특별히 명하여 성삼문 등 여섯 사람을 복작하고, 관원을 보내어 치제하게 하였다. 사당의 편액을 민절愍節이라 내리고, 비망기를 내리기를, "나라에서 먼저 힘쓸 것은 본디 절의를 숭장하는 것보다 큰 것이 없고, 신하가 가장 하기 어려운 것도 절의에 죽는 것보다 큰 것이 없다. 저 육신이 어찌 천명과 인심이 거스를 수 없는 줄 몰랐겠느냐마는, 그 마음이 섬기는 바에는 죽어도 뉘우침이 없었으니, 이것은 참으로 사람이 능히 하기 어려운 것이어서 그 충절이 수백 년 뒤에도 늠름하여 방효유·경청과 견주어 논할 수 있을 것이다. 마침 선왕의 능에 일이 있어서 연輦이 그 무덤 옆을 지남에 따라 내 마음에 더욱 느낀 것이 있었다. 아! 어버이를 위하는 것은 숨기는 법인데, 어찌 이 의리를 모르랴마는, 당세에는 난신이나 후세에는 충신이라는 분부에 성의聖意가 있었으니, 오늘의 이 일은 실로 세조의 유의를 잇고 세조의 성덕을 빛내는 것이다." 하였다.   『숙종실록』, 17년(1691) 12월 6일 숙종은 단종도 음지에서 양지로 끌어올렸다. 숙종은 강화유수 이선의 상소 이후 사육신은 물론 노산군에 대해서도 긍정적인 결단이 필요하다고 여겼던 것 같다. 1681년(숙종 7) 주강 자리에서 "정비^{正妃}가 탄생한 바는 모두 대군·공주라고 일컬으니, 노산군도 당연히 대군으로 일컬어야 한다. 그것을 대신에게 의논하도록 하라."[23]는 지시를 내린다. 대신들이 반대하지 않자, 숙종은 노산군을 노산대군으로 부를 것을 명했다.

노산군·연산군·광해군의 군^君은 왕자라는 뜻으로 쓰인 것이 아니다. 왕을 참칭한 경우 아무개 군 누구[僭稱王者曰 某君某]로 쓴다는, 주자의 『자치통감강목』 기록에 따라, 폐위된 국왕을 낮춰 부르는 호칭으로 군^君을 썼던 것이다.[24] 숙종이 주자의 말씀을 모를 리 없지만, 모르는 척 왕비의 아들임을 내세워 노산대군으로 바꾸자고 했던 것이다. 그리고 신하들도 모르는 척 반대하지 않았다.

노산대군이 단종이 되기까지는 시간이 꽤 걸렸다. 사육신 같은 신하와 달리 왕위를 빼앗긴 단종에 대한 복권은 정치적으로도 상당한 부담이었을 것이다. 여차하면 단종은 영원히 노산대군에 머물게 될지도 몰랐다. 그러던 중 1698년(숙종 24) 조정에 올라온 상소 한 장이 계기가 되어 노산군 문제가 풀리게 되었다. 전 현감 신규가 노산군의 왕호를 추복해 줄 것을 청한, 설득력 있는 상소였다. 그 내용을 요약하면 다음과 같다.

세조는 하늘이 내린 성군이다. 어린 나이에 즉위한 노산군은 자신의 능력이 부족함을 알고 요·순의 예에 따라 세조에게 선위했다. 세조는 거듭 사양했으나 어쩔 수 없이 왕위를 이어받았다. 사육신의 복위 사건은 노산군과는 무관한 것이었다. 실정으로 쫓겨난 연산군, 광해군이 임금 대접을 받지 못하는 건 당연하지만, 선위하고 스스로 물러난 노산군은 그렇지 않다. 성상께서 이미 사육신의 절의를 아름답게 여겨 용서하셨으니, 이제 노산군의 명예를 회복해주는 것이 좋겠다. 지금 만약 노산군의 왕호가 추복되면, 하늘도 백성도 흡족해할 것이다.

『숙종실록』, 24년(1698) 9월 30일

숙종은 신하들에게 매우 중요한 일이니 널리 의논해 보도록 조처했다. 신규의 상소가 있고 약 한 달 뒤인 1698년(숙종 24) 10월 24일, 숙종은 지난번에 상소문을 읽을 때 감회가 남달랐다며 노산군의 왕호 추복을 명했다. 같은 해 11월 6일, 노산군의 시호와 단종端宗이라는 묘호가 정해졌다.

기사관 이재가 사책史冊을 볕에 쬐어 말리고 돌아와 아뢰기를, "우리 단종대왕의 복위는 실로 세상에 보기 드문 성전입니다. 지금 그 옛 사책 속에 『노산군일기』라고 지면에 쓰여 있는데, 당시 사기를 편수하던 때에는 자연히 응당 이와 같았어야 하겠지만 이제 복위한 뒤에 그대로 연산군, 광해군과 똑같이 일례로 만들어 조금도 구별이 없으니, 어찌 매우 미안하지 않겠습니까? 원사原史는 진실로 논할 만한 것이 없지만, 겉면에 쓰인 『노산군일기』 다섯 글자를 『단종대왕실록』

으로 고치는 것이 마땅할 듯합니다."하였다.

『숙종실록』, 30년(1704) 8월 5일

폐위된 임금의 실록은 실록임에도 일기라고 쓰고 불렀다. 그래서 연산군과 광해군 실록은『연산군일기』,『광해군일기』이다.『단종실록』도 원래는『노산군일기』였지만 기사관 이재가 표지만이라도『단종대왕실록』으로 고치는 것이 좋겠다고 청한 것이다. 신하들의 찬반 의견이 분분했다.

그러자 숙종은 "복위한 뒤에도 그전대로 일기日記라고 일컫는 것은 과연 미안하다. 권卷 안의 문자는 비록 고칠 수 없으나, 외면을 고쳐 쓰는 것은 불가하지 않으니, 외면은『단종대왕실록』이라고 쓰고, 인하여 부록을 지어내게 하는 것이 좋겠다."고 명하였다. 그렇게 해서『노산군일기』는『단종대왕실록』이 되었다. 노산군이 단종으로 추복되고 6년이 지난 뒤였다.

조선의 2대 왕, 정종(1357~1419, 재위 1398~1400)이 정종일 수 있는 것도 숙종 덕이었다. 태종 이방원에 의해 어중간하게 즉위했다가 밀려난 정종은 숙종 때까지 오랜 세월 묘호를 받지 못했다. 그냥 시호대로 공정왕으로 불렸다. 1419년(세종 1)에 세상을 떠났으니 세종 대에 묘호를 받았어야 했지만 받지 못했다. 예종 대에 공정왕에게 묘호를 올리자는 논의가 있었으나 논의만으로 그쳤다. 의도적으로 잊혀진 군주가 공정왕이었다. 그러나 1681년(숙종 7) 12월 7일, 숙종은 공정대왕恭靖大王의 묘호를 정종定宗으로 정하여 올렸다. 공정왕 사후 260여 년

만의 일이다. 이어서 사육신을 복권하고, 노산군을 단종으로 거듭나게 한 것이다. 이제야 '태정태세문단세'가 완성되었다.

이러한 숙종의 업적은 왕으로서의 자신감과 열린 가슴에서 나왔다. 조선에서 정식 왕비가 낳은 장자가 왕위를 계승한 예는 흔하지 않았다. 숙종은 흔하지 않게 정비의 장자로 태어나 즉위했기 때문에 자연스럽게 정통성을 확보할 수 있었다. 어린 나이에 즉위해서 신하들을 호령할 수 있었던 것도 정통성에서 나오는 권위에 힘입었던 것이다. 이러한 지신감을 바탕으로 일종의 역사 바로 세우기를 실천한 셈이다.

숙종이 든 칼, 환국정치

환국換局이란, 국내외 정세 또는 어떤 일의 형편이 바뀐다는 뜻이다. 시국이나 정국의 변화, 그것도 아주 급격한 변화를 말할 때 환국이라는 표현을 썼다. 숙종 시대 정국의 변화는 정치 주도 세력의 교체로 이뤄졌다. 조정을 주도하던 갑 집단이 어느 날 갑자기 임금에 의해 밀려나고 그 자리를 을 집단이 채우고, 다시 을 집단이 대거 쫓겨나고 갑 집단이 새로운 지도층을 형성하는 식으로 환국정치가 펼쳐졌다. 이 과정에서 많은 사람이 목숨을 잃었다.

　신하들의 의견과 거의 무관하게 숙종 홀로 환국이라는 결단을 내리고 시행할 수 있었다는 자체가 왕권이 상당히 안정되었음을 의미한다. 조정 요직 인물을 대거 교체해도 나랏일을 돌보는 데는 별 지장이 없다는 것은 그만큼 시스템이 잘 갖춰져 있다는 것을 의미하기도 한다. 첫 환국을 시도한 것이 재위 6년째인 20세 때였으니, 군주로서의 능력도 인정할 만하다. 이후 숙종은 두 번 더 환국을 단행했다. 그 결과 그의 의도대로 신권臣權이 위축되고 군권君權이 신장될 수 있었다.

　그러나 붕당정치의 묘미인 당과 당의 경쟁, 그리고 견제와 균형을 통한 국정 운영의 틀이 깨지는 결과도 가져왔다. 하나의 당이 거의 모든 것을 장악하는 일당 전제화 체제가 확립되면서 상대 당에 대한 인식도 바뀌었다. 지금까지는 서로 치열하게 싸워도 상대의 존재 자체는 부정하지 않았다. '저들도 조정에 필요한 사람들이지.' 하는 공존의식이 있었지만 이제 상대는 '우리가 살기 위해 제거해야 할 적'이 되어 버렸다.

> 임금이 비방기를 내려 스스로를 책망하고 이어 신하들을 면려하여, 당동벌이黨同伐異의 습성을 과감히 버리고 동인협공同寅協恭의 기풍을 힘써 다하라고 하였다. 『숙종실록』, 5년(1679) 10월 2일

숙종은 그저 싸우기만 하는 신하들의 모습이 꼴 보기 싫었다. 그래서 당동벌이를 버리라고 신하들에게 호소했다. 자기편은 무조건 편들고 상대편은 무조건 공격하는 행태가 당동벌이이다. 동인협공, 네 편 내 편 따지지 말고 서로 힘을 합해 나랏일을 해달라는 뜻이었다. 그래서 숙종이 동인협공을 위한 수단으로 환국정치를 택했는지도 모르겠다. 하지만 환국정치는 신하들의 당동벌이를 더욱 조장했다고 평가할 수밖에 없다.

병자호란 때 주화파 최명길이 청에 대한 항복문서를 썼다. 나라의 자존심을 잃지 않기 위해 고치고 또 고치며 심혈을 다했을 것이다. 그런데 힘겹게 완성한 항복문서를 척화파 김상헌이 찢어 버렸다. 그러나 최명길은 나처럼 항복문서를 쓰는 사람이 있다면, 찢는 사람도 반드시

있어야 한다며 김상헌을 높게 평가했다.

항복을 말한 최명길도, 끝까지 싸우자고 외친 김상헌도 목적은 같았다. 나라를 위한 마음이었다. 자신의 부귀영화를 위한 선택이 아니었다. 그러나 환국정치는 제2의 최명길을 더는 볼 수 없게 하고 말았다.

숙종 대의 환국정치는 1680년(숙종 6), 1689년(숙종 15), 1694년(숙종 20) 세 번 일어났다.[25] 차례대로 경신환국, 기사환국, 갑술환국이라고 부른다. 경신환국으로 서인이 집권하고 남인이 축출되었으며, 기사환국으로 남인이 집권하고 서인이 축출되었다. 하지만 갑술환국으로 다시 서인이 집권하고 남인이 축출되었다.

숙종 즉위 이래 조정은 남인들에 의해 주도되고 있었다. 1680년 경신년 봄날, 영의정이자 도체찰사인 허적이 큰 잔치를 열었다. 조부인 허잠에게 시호가 내려진 것을 축하하는 연시연延諡宴이라는 잔치였다.

도체찰사부의 수장 도체찰사

도체찰사부는 북벌을 추진하는 기구인데 현종 대에 폐지되었다. 그런데 실질적인 북벌을 기획하던 윤휴의 주장으로 1675년(숙종 1)에 다시 설치되었다. 도체찰사부는 유사시 병권을 총괄하는 최고 군사령부로 영의정이 도체찰사를 겸했다. 도체찰사부를 실제로 이끌 사람은 부체찰사였다. 당시 영의정은 남인 허적이었고 그가 자연히 도체찰사가 되었다. 같은 남인인 윤휴는 부체찰사를 원했고 허적도 윤휴를 밀었다. 그러나 숙종은 서인 외척 김석주를 부체찰사로 임명했다. 이후 도체찰사부는 폐지와 재설치를 반복하였다.

사람들이 아주 많이 모였지만 서인은 별로·없었다. 그날 하필 비가 내리자 숙종은 궁중에서 쓰는 기름 먹인 장막과 차일을 허적의 집에 보내주라고 명했다.

아랫사람이 장막을 가지러 갔더니 궐내 행사에 쓰는 물건이 사라지고 없었다. 허적이 임금에게 알리지도 않고 제멋대로 가져간 것이다. 이것이 유악油幄사건이다. 보고를 받은 숙종은 몹시 화가 나 즉시 자신의 장인이자 총융사인 김만기, 훈련대장 유혁연, 포도대장 신여철을 불러들였다. 이 자리에서 김만기에게 훈련대장, 신여철에게 총융사 직을 주고 남인인 유혁연의 벼슬을 빼앗고 이조판서 이원정을 삭탈관작하는 등 남인들을 줄줄이 축출했다. 그리고 영의정에 김수항, 좌의정에 정지화, 도승지에 남구만을 새로 임명하는 등 요직을 모두 서인에게 주었다. 이후 남인은 역모사건에 휩쓸리면서 심각한 타격을 입었다. 이 사건이 경신환국이다.

숙종이 크게 한번 칼을 휘두르면서 눈 깜짝할 사이에 조정이 남인에서 서인으로 넘어갔다. 허적이 장막을 멋대로 가져가지 않았다면, 남인은 무사했을까? 아닐 것이다. 이 일의 원인은 남인 정권에 염증을 느낀 숙종이 꽤 오래 치밀하게 준비하다가 장막 사건을 빌미로 터트린 일이었을 것이다.

5군영 체제를 확립하다

5군영은 조선 후기에 수도 및 그 외곽을 방어하기 위해 설치한 다섯 개의 군영을 말한다. 훈련도감訓鍊都監 · 어영청御營廳 · 금위영禁衛營 · 총융청摠戎廳 · 수어청守禦廳이다. 훈련도감, 어영청, 금위영은 수도를 방어하는 중앙 군영으로 삼군문三軍門으로 불린다. 총융청과 수어청은 수도 외곽의 방어를 맡은 군영이다. 한 번에 다섯 군영이 설치된 것이 아니고 그때그때 상황에 따른 필요 때문에 설치되었는데 가장 마지막에 설치된 것이 금위영이고, 이 금위영을 설치한 사람이 숙종이다.

1593년(선조 26) 임진왜란 중에 훈련도감이 설치되었다. '도감都監'이란 나라에서 중요한 일을 처리하기 위해 임시로 설치한 관청에 붙는 이름이다. 임시 관청이기에 목적을 이루고 나면 해산되는 것이 원칙이다. 고려 공민왕 때 신돈이 주도했던 전민변정도감, 팔만대장경 조성을 위해 강화에 설치했던 대장도감 등이 그 예이다. 훈련도감 역시 왜란을 극복하기 위한 임시 군영으로 출발했다.

그런데 전쟁 후에도 필요성이 인정되어 체제가 정비되면서 중앙 핵심 군영으로 자리 잡았다. 포수砲手 · 살수殺手 · 사수射手의 삼수병으로 편성되었는데 특히 조총을 다루는 포수가 중시되었다. 이들은 나라에서 봉급을 받는 일종의 직업군인이었다. 훈련도감을 실질적으로 이끄는 책임자는 훈련대장으로 종2품이다.

어영청은 인조반정으로 국내 정세가 어수선하고 국제적으로 후금과의 관계가 위급해진 상황에서 설치되었다. 그 시작은 1623년(인조 1)이다. 인조의 명에 따라 개성유수 이귀가 어융사御戎使가 되어 군사를 뽑아 훈련시킨 것이 어영군의 모체이다. 개성에서 군사를 양성하게 한 것은 후금 침략 때 인조가 직접 개성에 나가 군사들을 독려하겠다는 계획 때문이었다. 어영군은 이괄의 난(1624) 때 공주로 피난 가는 인조를 호위했다. 그곳에서 호위 병력을 더 뽑아 인원을 늘리게 되면서 어영청으로 거듭나게 되었다. 실질적인 수장이 어영대장으로 종2품이다. 1652년(효종 3) 효종은 어영청을 강화하고 이완을 어영대장으로 임명해서 북벌의 핵심 군영으로 키웠다. 평안도와 함경도를 제외한 6도의 지방군이 차례대로 서울로 올라와 근무하는 체제였다. 강화도 돈대 쌓는데 동원되었던 이들이 어영청 소속의 군인들이었다.

금위영은 훈련도감, 어영청과 더불어 국왕 호위와 수도 방어를 책임지는 군영이다. 우선 수도 외곽 방어 부대인 총융청과 수어청부터 살펴보고 금위영으로 가자.

총융청은 이괄의 난을 계기로 1624년(인조 2)에 설치되었다. 조선왕조에서 전쟁으로 임금이 서울을 비운 일은 있었지만, 반란군에게 서울이 점령당한 적은 없었다. 그런데 이괄에게 서울을 빼앗기고, 인조는 멀리 피난 가야 했다. 겨우 반란을 진압했으나 충격은 컸다. 외적의 침략이나 반란군으로부터 서울을 지키려면 서울 방비를 탄탄히 함은 물론 서울 외곽 경기 지역에 대한 방어망도 단단히 해야 한다고 인조는 생각했다.

이에 경기감사 이서에게 명하여 군대를 창설하게 했고 이 군대가 총융청이 되었다. 수장은 총융사總戎使로 종2품이다. 총융청은 수원, 장단, 양주, 광주, 남양 이렇게 5영을 두고 경기권 전역을 지키는 부대인데 이후 체제의 변화를 겪게 된다. 5영의 하나인 장단은 지금 남북교류의 길목인 도라산역이 있는 곳으로 영역이 축소된 채 파주시에 포함되었다. 임진강을 건너는 주요 나루인 임진臨津을 방어할 수 있는 곳[26]이라서 후금군의 남하를 막기 적절한 지역이었다.

수어청은 1626년(인조 4)에 남한산성이 개축된 후 설치되었다. 종2품 수어사守禦使가 수장인데, 광주유수가 겸하기도 했다. 처음에는 총융사 밑에 있었으나 독립하여 별도의 군영이 되었다. 총융청 소속이었던 광주와 양주를 받아 군영의 틀을 갖춘 것이다. 수어청은 남한산성을 거점으로 수도권 동부 지역의 병력을 동원해서 서울 남쪽을 방어하는 역할을 맡았다. 이에 따라 총융청은 북한산성을 거점으로 수도권 서부 지역 병력을 동원해 서울 북방만을 맡는 쪽으로 수비 범위가 축소되었다.

다시 금위영으로 돌아가서, 금위영은 숙종이 정초청과 훈련별대를 합쳐서 만들었다. 지금까지 설치된 군영 가운데 훈련도감을 제외하면, 어영청·총융청·수어청 모두 서인이 주도하여 성립된 군영이다. 이들 군영은 외적의 침입으로부터 나라를 지키기 위해 설립된 것이지만, 한

남한산성
5군영의 하나인 수어청이 있었다. 경기도 성남시에 있다.

편으로 서인들의 정치적 기반이 되기도 했다. 서인들은 군권 장악을 바탕으로 정치적 영향력을 확대하고자 했다. 그러자 서인과 대립하고 있던 남인들이 대처 방법을 찾으려고 애썼다.

현종이 남인인 유혁연을 훈련대장에 임명했다. 당시는 북벌론이 뜨겁던 효종 대와 달리 '군비 축소' 논의가 벌어지고 있을 때였다. 효종 대의 과도한 군비 지출이 나라 살림을 어렵게 했기 때문이다. 유혁연은 허적과 함께 '돈 덜 드는' 부대 창설을 주도했다. 병사들에게 봉급을 줘야 하는 훈련도감을 축소하는 대신 지방군을 교대로 번상하게 하는 훈련별대訓練別隊를 만들게 한 것이다.[27] 훈련별대는 한동안 남인의 군사적 기반으로 작용했다.

훈련별대에 앞서 정초군이 편성되어 있었다. 정초군은 병자호란 전후에 신설된 기병 중심 부대이다. 현종이 1668년(현종 9)에 정초청精抄廳으로 승격시켜 병조판서로 하여금 지휘하게 했다.[28] 정초청은 다른 군영과 달리 국왕이 직접 관할하는 성격의 도성 수비군이다.

그런데 경신환국(1680)으로 서인이 집권하면서 병조판서 김석주를 중심으로 군제 개혁이 추진되었다. 숙종은 김석주의 건의를 바탕으로 1682년(숙종 8)에 정초청과 훈련별대를 합해 금위영을 창설하고, 병조판서로 하여금 금위영의 대장을 겸하게 했다. 1754년(영조 30)에야 병조판서 따로, 금위영 대장 따로 임명하는 쪽으로 바뀌었다. 이렇게 금위영이 창설되면서 5군영 체제가 갖춰졌다.

이 무렵 김석주에 대한 숙종의 신뢰는 꽤 깊었다. 그런데 금위영 창설 다음 해에 숙종의 어머니 명성왕후가 별세하고, 그다음 해인 1684년(숙종 10)에는 김석주마저 세상을 떠났다. 이제 숙종은 홀로서기를 시작해야 했다. 그리고 얼마 뒤 장옥정, 즉 장희빈이 궁궐로 다시 들어오게 된다.

이괄의 난

5군영 성립에는 이괄의 난이 직간접적으로 영향을 끼쳤다. 이괄 (1587~1624)은 광해군을 축출하고 인조가 새 왕으로 즉위한 인조 반정 때에 군사를 지휘하며 역모를 성공하게 한, 가장 두드러진 활약을 한 사람이다.

인조는 즉위하자마자 자신이 왕이 되는 데 공을 세운 사람들에게 공신 칭호를 주어 표창하였다. 총 53명이었는데 1등 공신은 이귀, 김류, 김자점 등 10명이었다. 2등 공신은 15명, 3등 공신은 28명이었다. 그런데 이괄은 1등 10명에 들지 못하고 2등 공신이 되었다. 더구나 저 멀리 북쪽 국경의 수비 책임자로 임명받았다. 이 일로 이괄은 섭섭함을 느꼈을 것이다.

일반적으로 이괄이 자신에 대한 섭섭한 대우에 불만을 품고 치밀한 계획을 세워 반란을 일으킨 것이라고 한다. 그러나 처음부터 반란 의도가 있던 것은 아닌 것 같다. 조정에서 먼저 자신에게 비수를 들이대자 신변에 위협을 느껴 일으킨 반란이었다.[29]

당시의 북쪽 국경 수비는 나라의 운명을 좌우하는 중요한 일이었다. 명과 각축하고 있는 후금군이 언제 쳐들어올지 모르는 상황이

었기 때문이다. 총책임자는 도원수 장만이었다. 인조는 장만과 논의한 후 이괄을 부원수로 임명했다. 이괄을 무시해서 지방으로 보낸 것이 아니라 그 능력을 높게 평가해서 보냈던 것으로 보인다.

부원수 이괄은 주력부대 1만 명을 거느리고 평안도 영변에 주둔한다. 도원수 장만은 5,000의 지원부대와 함께 평양에 주둔하였다. 그러니까 실질적인 국경 수비 책임이 이괄에게 있던 것이다. 이괄이 영변에서 군사들을 조련하고 성책을 보수하며 후금의 침략을 대비하고 있을 때 조정에서 엉뚱한 일이 벌어졌다.

정권을 잡은 서인 세력이 조정에 남아 있던 북인 세력을 몰아내려고 음모를 꾸몄다. 북인들이 이괄과 연계하여 반란을 일으키려 한다고 허위 보고를 한 것이다. 그 보고는 거짓으로 판명되었으나 김류, 김자점 등이 계속해서 이괄을 서울로 소환해서 조사해야 한다고 주장했다. 결국 이괄 대신 이괄의 아들 이전을 서울로 부르기로 결정이 났다.

이괄은 자기 아들을 잡으러 온 금부도사 등을 죽이고 병사들을 몰아 1624년 1월 24일 서울로 쳐내려 갔다. 황해도 황주와 임진강

등에서 관군을 대피하고 서울까지 점령하였다. 임금 일행은 서울
함락 직전 공주로 피난 가서 무사했다. 강화도와 삼남지방 가운데
한곳으로 가려다가 이귀의 주장을 따라 공주로 가게 된 것이다.[30]

　서울을 장악한 이괄은 선조의 아들 흥안군을 새로운 왕으로 세우
고 백성을 진정시켰다. 그러나 이괄의 성공은 오래가지 않았다. 평
양에서 뒤쫓아 온 장만이 흩어진 병사들을 모아 병력을 재정비했기
때문이다. 이괄은 관군에게 대패한 후 이천으로 피해가 재기를 노
리지만, 거기서 끝이었다. 1624년 2월 14일 자신의 부하에게 죽임
을 당하고 만 것이다. 부하들은 이괄의 목을 관군에 바치고 항복하
였다.

　이괄은 아들이 붙잡혀 가는 걸 그냥 볼 수 없었다. 서울로 끌려가
면 모진 고문 끝에 죽게 될 것이고, 산다고 해도 몸이 온전하지 않
을 것이다. 아들이 고문의 고통을 못 견뎌 아비가 반란을 준비하고
있다고 허위 자백이라도 하게 되면 이괄 자신도 죽임을 당하게 될
것이다. 그래서 반란을 일으켰던 것이다.

　동정의 여지가 있지만 그의 행위를 정당화할 수는 없었다. 언제

후금의 군대가 국경을 넘을지 모르는 비상시국에 최전방 수비군을
빼내 서울로 간 것은 비판받아 마땅하다.[31]

4

숙종의 여인들

肅宗

숙종의 여인, 장희빈

또 한 번의 피바람, 기사환국

왕비 자리 대신 사약을 받다

숙종의 여인, 장희빈

장희빈으로 널리 알려진 장옥정은 1659년(효종 10)에 태어났다. 숙종보다 두 살 많으며 아버지는 장경이고 어머니는 윤씨이다. 장희빈의 할아버지, 아버지 모두 역관譯官으로 이후 인동 장씨 집안에서 역관이 다수 배출되었다. 실록에 "국중거부國中巨富"[1]로 표현될 만큼 부자인 장현도 역관이었는데, 장경의 사촌 형이다. 장희빈에게는 종백부, 그러니까 큰아버지뻘이다. 장현은 장경이 일찍 세상을 떠나자 어린 장희빈을 자기 집에 데려와 키웠다.

그런데 장희빈의 오빠 장희재는 집안의 전통과는 다른 길을 걸었다. 통역사보다는 군인이 적성에 맞았던지 무과에 급제해 벼슬했다. 장희빈이 왕비가 된 이후에 총융사, 포도대장 등에 임명되었다. 장희빈에 의지하고 민암의 무리와 결탁해 벼슬이 너무 뛰어올라서 사람들이 미워했다고 실록에 쓰여 있다.[2] 장희재가 결탁했다는 민암은 남인이다.

장희빈의 집안은 남인 쪽과 친밀한 관계를 맺고 있었다. 장현은 남인의 영수 허적이 청나라에 사신으로 나갈 때 함께 가 옆에서 보좌하면서 더욱 가까워졌다. 장현과 함께 뜻을 모아 장희빈을 입궁시킨

조사석도 남인 계열이다. 조사석은 예송논쟁의 중심에 있었던 장렬왕후의 사촌 동생이다. 장희빈의 어머니 윤씨와 가까운 사이였다고 한다.

장희빈은 그녀가 원하건 원하지 않건, 자신의 의지와 상관없이 남인 쪽 사람이었다. 숙종의 총애가 더해지면서 남인의 얼굴이 될 수밖에 없었다. 인현왕후는 뼈대 있는 서인 집안이었기 때문에 두 여인의 갈등은 그대로 남인과 서인의 갈등이 되었다. 숙종이 왕권 강화라는 야망을 품고 그 야망을 성취하기 위해 수단 방법을 다 동원했던 군주였기에 그녀들의 불행은 더욱 깊을 수밖에 없었다.

장희빈이 언제 입궁했는지는 정확히 알 수 없다. 아마도 숙종 재위 초반이었을 것이다. 숙종은 당시 부인 인경왕후가 있었다. 왕후의 아버지는 김만기, 작은아버지가 『사씨남정기』를 쓴 김만중이다. 인경왕후는 나이 20세에 세상을 떠나고 말았다.

실록에는 장희빈이 "경신년 인경왕후가 승하한 후 비로소 은총을 받았다."[3]고 기록되어 있지만, 그 이전에 이미 숙종이 장희빈을 가까이했을 가능성이 더 크다. 인경왕후가 죽은 지 얼마 되지 않아서 숙종의 어머니인 명성왕후가 장희빈을 궁 밖으로 쫓아낸 것에서도 짐작할 수 있다.

임금이 궁녀와 관계를 맺는 것은 흔한 일이고 어찌 보면 당연하기도 한데, 왜 명성왕후는 장희빈을 쫓아내는 극단의 조처를 했던 걸까. 숙종이 장희빈에게 지나치게 '몰입'하는 걸 우려했기 때문이었다. 꽤 정치적 인물이었던 명성왕후는 서인이 아닌 남인 쪽 여인인 장희빈이 탐

탁지 않았다. 장희빈이 장렬왕후 쪽과 연결돼 있는 것도 맘에 들지 않았을 것이다. 또한 경신환국으로 남인들이 내몰리고 서인이 집권하게 된 시대배경도 한몫했을 것이다.

인경왕후를 이어 중전이 된 계비 인현왕후가 어느 날 시어머니인 명성왕후에게 요청했다. 장희빈이 이미 임금의 은총을 입은 궁인인데, 궁 밖 민가에 살게 하는 것은 적절하지 않으니 다시 불러들이는 것이 어떠냐는 내용이었다. 명성왕후는 안 된다고 하며 그 이유를 다음과 같이 말했다.

내전이 그 사람을 아직 보지 못하였기 때문이오. 그 사람이 매우 간사하고 악독하고, 주상이 평일에도 희로喜怒의 감정이 느닷없이 일어나시는데, 만약 꾐을 받게 되면 국가의 화가 됨은 말로 다할 수 없을 것이니, 내전은 후일에도 마땅히 나의 말을 생각해야 할 것이오.

『숙종실록』, 12년(1686) 12월 10일

간사하고, 악독하고 나라에 화가 될 여자가 장희빈이라는 것이다. 명성왕후는 이런 장희빈에게 숙종이 푹 빠지는 걸 경계하고 있었던 것이다. 궁 생활이 몹시 조심스러웠을 입궁 초년의 장희빈인데, 어떻게 행동했기에 대비로부터 간사하고 악독하다는 최악의 평가를 받게 된 것인지 살짝 의구심이 들기도 한다.

장희빈은 "자못 얼굴이 아름다웠다.[頗有容色]"4라고 실록에 나와 있으니 상당히 예뻤을 것이다. 장희빈에게 빠진 숙종을 비판하는 한성우의 상소에서도 장희빈의 아름다움이 인정받고 있다. 장희빈의 미색美色 때문에 숙종이 정신을 차리지 못한다는 것이다.[5] 그런데 숙종이 장희빈을 좋아하게 된 것은 단지 외모 때문만은 아니었을 것이다.

복잡한 절차를 생략한 남자와 여자로의 첫 만남 그리고 끌림, 궁궐 냄새가 덜 나는 풋풋함, 긴장하지 않아도 되는 장희빈의 신분 등이 긍정적으로 작용했을 것이다. 장희빈은 숙종의 마음을 잘 읽고 대처하며 살갑게 말하는 능력도 갖췄을 것으로 짐작된다. 숙종은 어깨에 힘을 빼고 조금은 편안한 마음으로 장희빈을 볼 수 있었기 때문에 그녀에게 빠졌을 것이다.

아무튼, 숙종은 왕 이전에 아들로서 어머니의 뜻을 거역할 수 없었다. 1680년 장희빈의 출궁을 슬픈 눈으로 지켜봐야 했다. 그리고 다음해 계비 인현왕후(1667~1701)를 맞아들였다. 1683년(숙종 9) 어머니 명성왕후가 돌아가시자 어머니 상을 다 치르고 나서 1686년(숙종 12)에 장희빈을 다시 궁궐로 불러들였다. 궁 밖으로 내보낸 지 6년 만의 재회였다. 이때 숙종은 26세, 장희빈은 28세 그리고 인현왕후는 20세였다.

재입궁한 장희빈은 이미 인현왕후의 통제권 밖에 있었다. 불안해진 인현왕후는 숙종으로 하여금 김창국의 딸을 후궁으로 들이게 했다. 장희빈에 쏠린 숙종의 관심을 다른 여인에게 돌리려는 것으로 이는 서인의 뜻이기도 했을 것이다. 그러나 아무런 소용이 없었다.

숙종은 장희빈에게 숙원, 종4품을 내렸다.

궁궐의 여인들도 조정 신하들처럼 종9품에서 정1품까지의 벼슬을

품계	내명부	품계	내명부
정1품	빈嬪	정3품	소용昭容
종1품	귀인貴人	종3품	숙용淑容
정2품	소의昭儀	정4품	소원昭媛
종2품	숙의淑儀	종4품	숙원淑媛

받았다. 종9품에서 정5품까지 궁녀라고 하는데 궁녀 가운데 가장 높은 자리가 상궁이다. 궁녀들은 각각의 분야에서 정해진 업무를 수행한다. 궁녀가 임금의 승은을 입고 자식을 낳으면 후궁이 되었다. 김창국의 딸처럼 양반가에서 바로 후궁을 들이기도 하였다. 후궁에게는 종4품부터 정1품까지의 벼슬이 내려진다.[6]

숙종이 장희빈에게 내린 숙원은 파격적이었다. 임금의 승은을 입었다고 해도 아이를 낳지 못하면 후궁이 되지 못하고 상궁에 머물러 있는 것이 일반적이었다. 그런데 장희빈은 왕의 자식을 낳은 것도 아닌데 숙원이 되어 후궁 자리를 차지했다. 여기에는 숙종의 정치적 계산도 포함되었다. 서인에 대한 견제의 뜻을 담아 장희빈을 숙원에 봉한 것이다. 그러자 장희빈에 대한 서인들의 비판이 시작되었다.

공교롭게도 장희빈이 재입궁한 시기를 전후해서 자연재해가 심각했다. 1687년(숙종 13)에도 전국 여러 도에서 홍수 피해를 당했다. 논밭은 물론 집들이 물에 잠기고 큰물에 휩쓸려 죽은 사람들도 많았다. 사관은 예전에 없던 이변이라고 쓰며 수해의 원인은 장희빈 때문이라고 했다. "옛적의 역사에 큰 수해를 여총女寵의 징조라고 했었다. 이때 장씨의 폐총嬖寵(임금의 사랑과 총애를 받음)이 바야흐로 융승"[7] 해서 무서운 물난리가 났다는 것이다. 그러나 숙종은 장희빈 편이었다.

장희빈과 관련된 사안으로 숙종에 대한 신하들의 비판도 거듭되었다. 그들 중에 『사씨남정기』를 쓴 김만중이 있었다. 숙종은 김만중을 옥에 가뒀다가 귀양 보냈다. 신하들의 비판이 진정으로 나라를 걱정해서 하는 충정의 소리일 수도 있는데, 숙종은 듣지 않았다. 장희빈 때문만은 아니었다. 왕권에 대한 도전으로 여겨 불쾌했던 것이다.

김만중을 처벌하라는 전지를 쓰라고 명하니 승지는 붓이 없다고 핑계를 대고, 사관에게 붓을 주라고 명하니 사관은 사필史筆은 함부로 내주는 것이 아니라며 거부하는 상황에서 숙종은 기가 막혔을 것이다.

1688년(숙종 14년) 장희빈은 정2품 소의로 뛰어올랐다. 그리고 드디어 아들을 낳았다. 숙종을 이어 경종이 될 왕자를 낳은 것이다. 숙종이 재위 14년이 되도록 보지 못한 아들을 낳았기 때문에 숙종의 기쁨은 말로 표현할 수 없을 정도로 컸을 것이다. 강화도에 돈대가 들어서던 1679년(숙종 5) 그리고 다음해인 1680년(숙종 6)에 인경왕후가 연이어 출산했었지만 딸이었고 둘 다 어려서 죽고 말았다.[8]

아들을 본 며칠 후 숙종을 분노하게 하는 사건이 벌어졌다. 장희빈의 어머니 윤씨가 딸의 산후조리를 돕기 위해서 궁궐에 들어왔는데 위풍당당하게 옥교屋轎라는 가마를 타고 왔다. 원칙대로 따지면 안 되는 일이었다. 법제는 당상관의 처나 며느리가 아니면 옥교를 탈 수 없다고 규정하고 있다.[9] 그러자 서인 쪽 사람들이 옥교를 빼앗아 불 지르고 가마꾼들을 잡아다 벌주고는 법대로 했음을 강변했다. 하지만 이는 도가 지나친 일로 왕에 대한 간접적인 모욕이었다.

그러자 숙종은 태어난 지 석 달도 안 된 왕자의 명호名號를 정하였다. 후궁의 소생이라도 명호를 정하게 되면 원자가 되고 원자는 세자가 되어 왕위를 잇게 된다. 나중에 왕비가 왕자를 낳아도 소용없다.[10] 이제 '본처' 인현왕후가 아들을 낳아도 왕이 될 수 없었다. '첩' 장희빈의 아들만 왕이 될 수 있었다. 숙종의 결단에 장희빈조차 놀랐을 것이다.

신하들은 인현왕후가 젊어 얼마든지 아들을 낳을 가능성이 있는데, 성급하게 원자를 정할 필요가 없다고 반대했다. 이에 숙종은 "감히 이의를 제기하는 자가 있다면, 벼슬을 내놓고 물러가라."며 밀어붙였다. 숙종은 장희빈이 낳은 왕자를 원자로 봉하고 종묘사직에 고했다. 그리고 장씨를 정1품 희빈에 봉했다. 1689년(숙종 15), 기사년 1월의 일이다.

또 한 번의 피바람, 기사환국

숙종은 이제 서인을 내칠 때가 되었다고 여기고 있었다. 원자를 정하는 과정에서 아니 그 이전부터 공공연히 왕권에 도전하는 서인들의 행태를 더는 보고 싶지 않았다. 그때 송시열의 상소가 올라왔다. 송시열의 의도와 달리 그의 상소는 서인들을 줄줄이 죽음으로 내모는 계기가 되고 말았다.

송시열은 상소에서 원자를 정한 것은 너무 이른 처사였다며 숙종을 비판했다. 숙종은 망설임 없이 송시열을 삭탈관작하고 성문 밖으로 내쳤다. 송시열 처벌은 정권이 서인에서 남인으로 바뀌는 환국이 시작되었음을 알리는 신호탄이었다. 이후 전직 관료 현직 관료 가리지 않고 재야 유림까지 더해 100여 명의 서인이 처벌되었다. 심지어 서인의 뿌리이자 정신적·학문적 지주인 이이와 성혼의 문묘 출향까지 벌어졌다. 1689년 기사년의 격변, 기사환국이다.

서인이 떠난 자리에 남인들이 돌아오면서 다시 남인 시대가 열렸다. 이제 인현왕후가 문제였다. 숙종은 인현왕후에게 가엾고 미안한 마음을 느꼈을 것이다. 하지만 인현왕후를 곱게 볼 수 없었다. 아버지 민유중을 비롯한 그녀 집안사람들이 서인의 거물이었기 때문이다. 숙종은 인현왕후의 발언을 문제 삼아 폐출을 명하였다.

인현왕후는 "꿈에 아버님(현종), 어머님(명성왕후)께서 나타나 말씀하시길, '너는 복을 타고났으니 자식도 많이 낳을 것이다. 허나 장희빈은 복이 없고 아들도 낳을 수 없다. 장희빈이 후궁 자리에 오래 있게 되면 경신환국 때 쫓겨난 남인들과 작당해서 나라에 해를 끼칠 것이다.'라고 하셨습니다."라고 숙종에게 고하였다.

이에 숙종은 화를 내며 인현왕후를 욕했다. '역사를 다 뒤져봐도 이렇게 못된 여자는 없더라. 임금을 능멸하는 간악한 여자다. 하는 짓이

문묘 출향의 의미

문묘文廟는 공자를 모신 사당을 말한다. 성균관과 전국의 향교에 문묘가 있는데, 보통 대성전大聖殿이라는 현판이 걸린다. 원래 대성전 안에 공자를 모시고 별도의 건물에 중국과 우리나라의 대표적인 유학자를 모셨는데, 지금은 대성전 안에 함께 다 모시는 곳이 많다. 아무튼, 공자와 한 공간에서 받들어진다는 것은 후손은 물론 후학들에게도 더할 수 없는 영광이다. 특히 조선 시대에는 당파의 정통성을 확보하는 수단이 되기도 했다.

현재 문묘에 위패가 모셔진 우리나라 학자는 설총·안향·김굉필·조광조·이황·이이·김장생·김집·송준길·최치원·정몽주·정여창·이언적·김인후·성혼·조헌·송시열·박세채, 18명이다. 이들을 아국18현我國十八賢이라고 부른다.

출향黜享은 문묘에 모셔졌던 위패를 없애버린다는 뜻이다. 문묘에 위패를 모시는 것을 배향配享 또는 종사從祀라고 한다. 부관참시가 관을 부수고 시신의 목을 베는 형벌이라면, 문묘 출향은 죽은 이의 영혼을 베는 행위라고 할 만하다. 이이와 성혼에 대한 문묘 출향은 살아 있는 모든 서인에게 정신적 죽음을 내린, 상징적 형벌이기도 했다.

여곽呂霍과 같다.'[11] 여곽은 중국의 못된 두 왕비, 여후呂后와 곽후霍后를 가리킨다. 여후는 한나라를 세운 유방의 부인인데, 유방이 아끼던 다른 여인을 끌어다가 손 자르고 발 자르고 눈동자를 뽑아내는 등 아주 몹쓸 짓을 했다. 곽후는 효선제의 부인인데 온갖 나쁜 짓을 다 하다가 폐위당하고 결국 자결했다고 한다.

숙종이 인현왕후를 여후 등에 비유한 것은 적절하지 못했다. 쫓아낼 수밖에 없는 이유를 댄 것이지만 비난의 수위가 너무 높았다.

아무튼 신하들의 반대를 무릅쓰고 인현왕후 폐출을 명한 때가 1689년 4월 23일, 인현왕후의 생일이었다. 며칠 뒤인 5월 2일, 인현왕위가 공식적으로 폐비되고 서인庶人의 신분으로 떨어졌다. 그리고 숙종은 귀양 보낸 송시열에게 사약을 내렸다.

1690년 6월, 장희빈이 낳은 아들이 왕세자로 책봉되었다. 1689년 5월, 장희빈을 왕비로 맞겠다는 전지를 내렸던 숙종은 절차를 밟아 1690년 10월에 장희빈을 왕비로 책봉했다. 궁녀에서 출발해 후궁을 거쳐 나라의 국모國母 자리까지 올라선 특기할 만한 성취였다. 3년 정도, 왕비 장옥정은 인생의 황금기를 보내게 된다. 그때 강화도 동쪽 해안가에는 외성이 들어서고 있었다.

왕비 자리 대신 사약을 받다

명성왕후는 일찍이 아들 숙종의 성정을 '평일에도 희로喜怒의 감정이 느닷없이' 일어난다고 평했다. 숙종에게는 언제 어떻게 변할지 몰라서 보는 이로 하여금 불안감을 자아내게 하는 성향이 있었다. 성격 그 자체일 수도 있고, 성격과 결부된 그만의 통치술일 수도 있겠다. 서인 정권 때 서인들도, 남인 정권 때 남인들도 엷게 드리운 안개 같은 불안감을 씻어내기 어려웠다. 장희빈도 마찬가지였다.

숙종도 흔들리고 있었다. 다시 남인들이 꼴 보기 싫어졌다. 인현왕후를 내쫓은 것도 마음에 걸렸고 후궁 장옥정과 달리 왕비 장옥정이 불편하게 느껴지기도 했을 것이다.

주상은 자못 후회하면서 매번 한가하게 혼자 있을 때면 문득 길게 한숨을 쉬면서 탄식하거나 혹은 우두커니 서서 서쪽의 안국동을 바라보며 흐느끼기도 하였다.[12]

서쪽 안국동은 폐비 인현왕후가 머물고 있는 곳으로 숙종이 인현왕후를 그리워하는 모습을 묘사한 글이다. 이 글을 쓴 사람은 인현왕후의 오빠 민진원이다. 여동생을 옹호하고 장희빈을 부정적으로 기록했을 가능성이 농후하지만 있지도 않은 일을 만들어 쓰지는 않았을 것이다.

이때 제3의 여인이 등장한다. 새롭게 숙종의 총애를 받게 되는 숙원 최씨다. 인현왕후 쪽과 연결된 숙원 최씨를 장희빈이 곱게 볼 리 없었다. 왕비 장희빈은 최씨가 왕자라도 낳으면 어떡하나, 불안하고 초조했다. 배신감에 사로잡혀 숙빈 최씨를 괴롭혔다.

그런데 숙원 최씨가 아들 연잉군(후일 영조)을 낳게 된다. 또한 명빈 박씨도 왕자 연령군(1699~1719)을 낳았다.

기사환국(1689)으로 세력을 잃은 서인들은 그냥 주저앉아 있지 않았다. 시중에 『사씨남정기』를 보급하고, 각종 유언비어도 유포하면서 인현왕후의 복위에 유리한 여론을 만들어갔다.* 기사환국 5년 후인 1694년(숙종 20) 갑술년, 서인 명문가의 자제들이 폐비의 복위를 도모한다는 혐의로 체포되는 사건이 벌어졌다. 남인들은 이 사건을 빌미로 서인들을 완전히 제거할 심산이었는데 일이 남인의 뜻대로 진행되는 듯

* 『사씨남정기』와 각종 유언비어를 퍼트려 백성들이 장희빈을 악녀로 여기도록 여론을 만들어 갔다면, 역으로 그때까지 장희빈에 대한 보통 사람들의 인식이 그리 나쁘지 않았을 수도 있음을 짐작하게 한다. 낮은 신분으로 왕비가 된 장희빈을 깔보고 욕하는 백성들이 있었겠지만, 왕비가 자신들과 비슷한 신분이라는 데 호감을 보이며 대리만족 같은 것을 느끼던 백성들도 많았을 것이다. 우리가 접하는 소설과 실록 등의 기록은 장희빈 반대쪽 사람들에 의해서 기록된 것이라 장희빈에게는 매우 불리하고 또 억울한 일일 것이다.

했다.

그런데 의외의 사건이 벌어졌다. 서인들이 줄줄이 잡혀 들어오는 와중에 서인 김인의 역逆고변이 있었던 것이다. 숙원 최씨에 대한 독살 음모가 있다는 내용이었다. 만약 사실이라면 숙원을 죽이고자 하는 세력은 장희빈 쪽이 된다. 숙원 최씨 독살 계획을 들은 숙종은 충격을 받았다.

결국 숙종은 마지막 환국, 갑술환국(1694)을 단행하게 된다. 영의정 권대운, 좌의정 목내선, 우의정 민암 등 남인들을 대거 내몰고 그 자리에 서인들을 임명했다. 이이와 성혼도 다시 문묘에 배향했다. 이때 처벌된 남인들이 워낙 많아서 정치적으로 재기할 수 없게 되었다고 한다. 조선은 이제 서인들의 세상이 되었다.

장희빈은 폐비되고 대신 인현왕후가 복위했다. 폐비된 장희빈은 취선당에서 갇힌 듯 살아가게 되었다. 인현왕후는 다시 왕비가 되어 궁궐로 들어왔지만, 자신을 여후呂后 같은 간악한 여자로 몰아 내쫓았던 남편에게는 기대할 게 없었다. 몇 년 후인 1701년(숙종 27) 인현왕후가 세상을 떠났다. 장희빈은 자신이 왕비의 자리로 돌아갈 수 있다는 희망을 품었지만 그녀에게 온 것은 왕비 자리가 아니라 사약賜藥 사발이었다.

장희빈은 취선당 옆에 신당神堂을 설치하고, 거기서 인현왕후를 죽게 해달라고, 자신이 다시 중전이 되게 해달라고 매일 빌었다고 한다. 누가 이상하게 여겨 물으면 숙종의 첫 번째 왕비였던 '인경왕후를 위해서 기도한다. 세자의 건강을 기원한다.'는 식으로 둘러댔다고 한다. 이 일을 숙원 최씨가 숙종에게 고해 분노한 숙종이 장희빈에게 죽음을 명한 것이다. 1701년 10월, 장희빈은 사약을 먹고 죽었다. 장희빈의 죽음은 곧 남인의 몰락을 의미했다.

사실 장희빈이 신당에서 인현왕후를 저주한 게 정말인지는 알 수 없다. 숙종이 장희빈에게 죽음을 명하기 위해 한 말이 실록에 실려 널리 퍼진 것인데, 숙종은 "모두 내가 직접 목격해서 안 것이지 누구의 말을 전해들은 데서 나온 것이 아니다."라고 했다. 그런데 숙종은 장희빈을 만나러 취선당에 갔던 적이 없다고 한다.[13] 직접 목격할 수가 없었다는 이야기이다.

숙종은 아마 숙원 최씨를 보호하기 위해 자신이 직접 봤다고 말했을 것이다. 또 하나의 가능성은 장희빈이 인현왕후를 저주하지 않았지만, 숙종이 장희빈을 죽이려고 꾸며낸 이야기일 수 있다는 것이다. 이렇듯 장희빈의 인현왕후에 대한 저주 여부는 불분명하다. 세자의 건강을 빌려는 절실한 마음에서 신당을 차렸을 수도 있을 것이다.

숙종은 장희빈을 왜 죽게 했을까? 많은 사람이 죽이는 건 너무 과하다고 말렸지만, 숙종은 '생각에 생각을 더하고 다시 생각하고 다시 생각한 것'이라며 밀어붙였다. "만약 이 사람을 살려 두어 후일 변고를 일으키고 도리어 세자에게 걱정을 끼친다면, 그 화禍가 반드시 클 것이다."라고 했다. "지금 나는 종묘사직을 위하고 세자를 위하여 이처럼 부득이한 일을 하니, 어찌 즐겨 하는 일이겠는가?"[14]라고도 했다. 숙종은 '서인들이 장악한 조정 상황에서 장희빈을 살려두면 두고두고 갈등을 겪을 것이다. 세자의 왕위 계승에 걸림돌이 될 수도 있다. 세자가

무사하게 즉위해도 장희빈의 존재가 통치에 심각한 지장을 줄 것이다.'
라고 염려했던 것 같다. 장희빈을 왕비 자리에서 끌어내린 후, 숙종은
"지금부터 기록하여 방가의 제도로 만들되, 빈어가 후비에 오르지 못
하도록 하라."[15]라고 명하였다. 방가邦家는 나라, 빈어嬪御는 임금의 첩,
후비后妃는 임금의 아내이니 후궁이 왕비에 오르지 못하도록 국법으로
정하라는 뜻이다. 이 명령 역시 자신을 이어갈 후대 임금들의 안정적
통치를 위한 사전 조치로 이해된다.

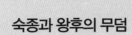 

서울 서쪽 경기도 고양시에 다섯 왕릉인 경릉, 창릉, 명릉, 익릉, 홍릉을 모신 서오릉西五陵이 있다. 숙종이 잠든 곳은 명릉明陵인데, 제1계비 인현왕후를 함께 모셔 쌍분이 되었다. 그 옆으로 곡장을 달리해서 제2계비 인원왕후를 모셨다. 숙종의 원비인 인경왕후는 서오릉의 하나인 익릉翼陵에 잠들어 있다.

숙종 왕릉에서 멀리 떨어진 후미진 곳에 봉분만 달랑 있는 대빈묘大嬪墓가 있다. 홍살문도 없고 정자각도 없는 이 무덤이 희빈 장씨, 장희빈의 묘이다. 1722년(경종 2) 10월에 장희빈을 추존하여 옥산부대빈玉山府大嬪이라 했기에 대빈묘라 불린다. 석물이 간소하게 서 있기는 하나 왕릉과 비교할 바가 못 된다. 왕과 왕비의 무덤을 능陵이라 하고, 세자와 세자빈의 무덤 그리고 왕을 낳은 부모의 무덤을 원園이라고 한다. 장희빈은 왕의 생모이지만 폐비되었기에 무덤의 명칭이 원 아닌 묘가 되었다.

원래 장희빈의 묘를 양주 인장리(지금의 경기도 구리시)에 썼다. 숙종의 명을 받은 예조참판이 직접 지관을 거느리고 여러 곳을 다니며 좋은 땅을 찾은 끝에 정한 곳이었다. 그런데 양주에 묘를 쓰고 10여 년이 흐르면서 장희빈의 묏자리가 불길하다는 의견이 나왔다. 숙종이 묘를 옮기라고 했고 명을 받은 예조참의가 용하다는 지

관 10여 명과 길지를 찾아 나섰다. 1년 만에 수원 청호촌과 광주 진해촌으로 압축되었다. 숙종은 장희빈이 새로 잠들 땅을 광주廣州 진해촌으로 결정했다. 1719년(숙종 45) 4월, 장희빈의 묘소가 양주에서 광주로 이장되었다.[16]

그렇게 수백 년간 경기도 광주 땅에서 잠들어 있다가 1969년에 묘역으로 길이 나게 되면서 지금의 서오릉으로 옮겨졌다. 돌고 돌아 초라한 모습으로 숙종의 그늘에 거처를 잡은 것이다.

숙종 왕릉 명릉(왼쪽)과 장희빈 묘(오른쪽)
경기도 고양시 서오릉에 있다.

한눈에 보는 **숙종**과 **강화도**

숙종이 재위 기간 동안 행한 일을 강화도의 모습과 비교해 연대표로 살펴보자.

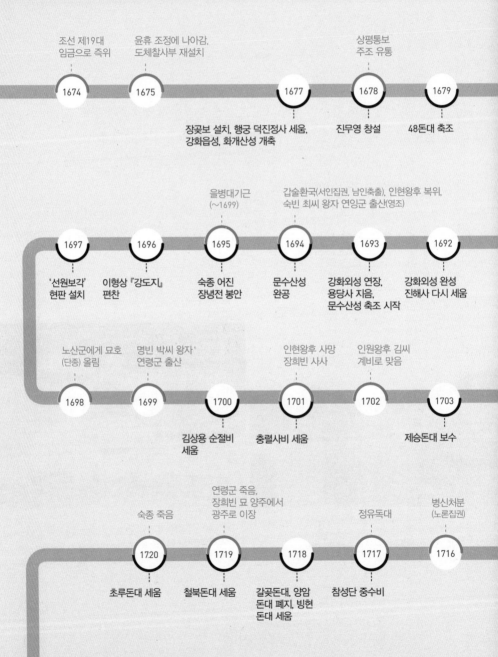

조선 제19대
임금으로 즉위

1674

윤휴 조정에 나아감,
도체찰사부 재설치

1675

1677

장곶보 설치, 행궁 덕진정사 세움,
강화읍성, 화개산성 개축

상평통보
주조 유통

1678

진무영 창설

1679

48돈대 축조

을병대기근
(~1699)

1697

'선원보각'
현판 설치

1696

이형상 『강도지』
편찬

1695

숙종 어진
장녕전 봉안

1694

문수산성
완공

갑술환국(서인집권, 남인축출), 인현왕후 복위,
숙빈 최씨 왕자 연잉군 출산(영조)

1693

강화외성 연장,
용당사 지음,
문수산성 축조 시작

1692

강화외성 완성
진해사 다시 세움

노산군에게 묘호
(단종) 올림

1698

명빈 박씨 왕자
연령군 출산

1699

1700

김상용 순절비
세움

인현왕후 사망
장희빈 사사

1701

충렬사비 세움

인원왕후 김씨
계비로 맞음

1702

1703

제승돈대 보수

숙종 죽음

1720

초루돈대 세움

연령군 죽음,
장희빈 묘 양주에서
광주로 이장

1719

철북돈대 세움

1718

갈곶돈대, 양암
돈대 폐지, 빙현
돈대 세움

정유독대

1717

참성단 중수비

병신처분
(노론집권)

1716

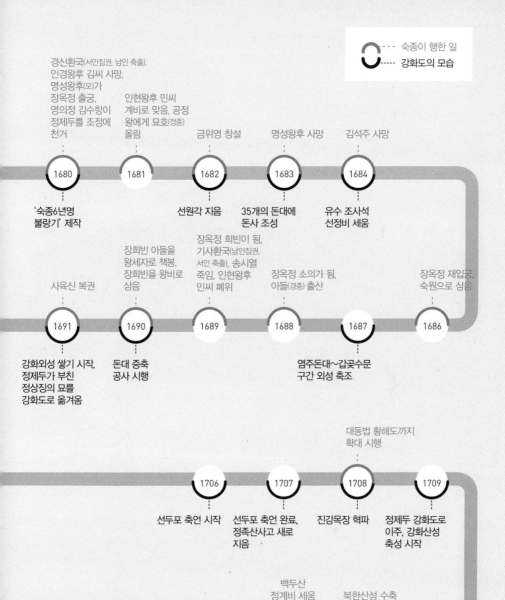

숙종이 행한 일
강화도의 모습

경신환국(서인집권, 남인 축출),
인경왕후 김씨 사망,
명성왕후(모)가
장옥정 출궁,
영의정 김수항이
정제두를 조정에
천거

인현왕후 민씨
계비로 맞음, 공정
왕에게 묘호(정종)
올림

금위영 창설

명성왕후 사망

김석주 사망

1680

1681

1682

1683

1684

'숙종6년명
불랑기' 제작

선원각 지음

35개의 돈대에
돈사 조성

유수 조사석
선정비 세움

사육신 복권

장희빈 아들을
왕세자로 책봉,
장희빈을 왕비로
삼음

장옥정 희빈이 됨,
기사환국(남인집권,
서인 축출), 송시열
죽임, 인현왕후
민씨 폐위

장옥정 소의가 됨,
아들(경종) 출산

장옥정 재입궁,
숙원으로 삼음

1691

1690

1689

1688

1687

1686

강화외성 쌓기 시작,
정제두가 부친
정상징의 묘를
강화도로 옮겨옴

돈대 증축
공사 시행

염주돈대~갑곶수문
구간 외성 축조

대동법 황해도까지
확대 시행

1706

1707

1708

1709

선두포 축언 시작

선두포 축언 완료,
정족산사고 새로
지음

진강목장 혁파

정제두 강화도로
이주, 강화산성
축성 시작

백두산
정계비 세움

북한산성 수축

1714

1713

1712

1711

1710

적석사비 세움,
'행궁' 편액 설치

연잉군 정족산
사고에 옴,
유수 민진원
불망비 세움

문수산성을
강화에 편입

덕진정사 폐지,
강화행궁 새로 지음
북일목장 폐지,
강화동종 제작
강화산성 완공

선두보 설립

5

강화도 방어를 시작하다

肅宗

진무영 설치

세계 최강 몽골군은 수십 년 동안 고려를 침략하면서도 강화도에는 한 번도 발을 들여놓지 못했다. 장기적인 대몽항쟁이 가능했던 이유 가운데 하나가 '강화도 천도'였다.

조선 시대에도 강화도의 전략적 중요성은 변함이 없었다. 명과 후금의 대립이라는 긴박한 상황에 맞닥뜨렸던 광해군 시절, 동부승지 조찬한은 다음과 같이 아뢰었다.

강도江都의 고을은 지역이 사방 백 리이고 사면이 물과 마주 대하고 있습니다. 가장 상류에 있어서 서울과 짝이 되어 사방에 적의 충돌을 막으면서 팔방을 제압하고 있으니, 이것은 실로 가장 좋은 조건을 갖춘 금성탕지로써 만세에 망하지 않을 훌륭한 땅입니다. …… 신이 헤아려 보건대, 강도에서 위험을 구제하고 적을 막는 것은 우리나라의 제일가는 곳일 뿐만 아니라, 비록 천하에 비교하더라도 이보다 더 훌륭한 곳은 없다고 봅니다.　　　『광해군일기(정초본)』, 11년(1619) 6월 29일

정묘호란 당시 조선 조정이 강화도로 피한 것은 '금성탕지金城湯池'•
강화도에 대한 믿음 때문이었다. 또한 몽골 침략 때 고려 조정이 강화
도로 천도했던 경험을 따른 것이기도 했다. 당시 강화도는 여진의 말
발굽으로부터 조선 조정을 보호했다.

병자호란이 터지자 조정은 다시 강화도로 향했다. 봉림대군 등이 강
화도에 먼저 도착하였다. 하지만 조금 늦게 출발한 임금 일행은 급하
게 내려온 청나라 군대가 강화도 들어가는 길목을 막았기 때문에 남한
산성으로 들어야 했다. 그런데 모두의 믿음을 저버리고 강화도가 함락
당해 청나라 병사들의 분탕질로 생지옥이 되었다. 남한산성에 있던 인
조는 강화도 함락 소식에 절망하고 결국 항복하여 삼전도의 굴욕을 맛
보아야 했다.

이후 강화도는 버려진 섬이 되었으리라 예상되지만 조선 조정은 여
전히 강화도의 효용 가치를 높게 평가했다. 청나라 군대에 함락된 것
은 지키는 사람들의 잘못이었을 뿐, 외적의 침략을 막는 자연 조건은
탁월하다고 여겼다.

병자호란을 겪고 난 1638년(인조 16)에 임금은 공조판서에게 강화
도와 남한산성 중 어디가 더 중요한지 물었다. 공조판서는 "강도는 배
가 드나들 수 있어 여러 도에 호령할 수 있지만, 남한산성은 포위된 뒤
에는 안팎이 단절된다는 것을 전에 이미 경험하였습니다. 이런 점으로

• 　쇠로 만든 성과, 그 둘레에 파 놓은 뜨거운 물로 가득 찬 못이라는 뜻으로, 방
어 시설이 잘 갖춰져 있는 성을 비유적으로 가리킨다.

말씀드린다면 남한산성이 강도만 못합니다."[1]라고 대답했다.

그리하여 강화도를 수비하는 사람들을 조직하고, 시설을 만들고 보강하는 과업들이 시작되었다. 우선 서해안 수비체제가 강화도 중심으로 개편되면서 경기 서남부 해안의 진鎭들이 강화도와 강화도 근처로 옮겨오게 된다.[2]

1653년(효종 4)에 남양(지금 경기도 화성시)의 영종진이 인천부 자연도로 옮겨왔다. 영종진이 자연도에 자리 잡으면서 섬의 이름도 영종도로 바뀌었다. 영종진을 남양에서 자연도로 옮긴 것은 자연도가 해상에서 강화도로 진입하는 길목이라는 중요성 때문이었다.

1656년(효종 7)에는 안산의 초지진과 인천의 제물진이 강화도로 옮겨졌다. 지금 강화도 국방 유적의 얼굴처럼 여겨지는 초지진이 원래는 안산 땅에 있었던 것이다. 월곶진도 같은 해에 남양에서 강화도로 옮겨졌다.*

한편 경기수영에 소속된 덕포진이 강화에 있었는데 1666년(현종 7)에 통진(지금 김포시 대곶면)으로 옮기고 덕포진이 있던 그 자리에 별장을 두어 관리하게 하다가 1677년(숙종 3)에 덕진진을 두었다.

다른 지역의 진·보를 강화도로 옮기는 작업과 함께 새로운 진·보를 강화도에 설치하는 작업도 추진되었다. 논의는 이미 인조 대부터 시작되었지만, 본격적으로 설치한 것은 효종 때였다. 효종이 신하들에게 강

*　남양에 있던 화량진花梁鎭은 인조 대에 교동으로 옮겨졌다가 이후 강화도를 거쳐 다시 남양으로 옮겨졌다.

광성보

제주도의 올레길, 지리산의 둘레길처럼 강화도에는 나들길이 있다. 광성보는 갑곶돈대에서 초지진까지 이어지는 나들길 제2코스, 호국돈대길에 있다.

화도에 보堡를 설치하는 것이 어떤지 의견을 묻자 반대하는 신하도 있었다. 그러자 신하들에게 강화도에 보가 필요한 이유를 직접 설명했다.

내가 반드시 물가에 보를 미리 설치하려는 것은 강도의 관부官府가 깊은 곳에 치우쳐 있고 물가에는 방비한 것이 없기 때문이다. 유수는 관부 안에 깊이 있으니, 변이 갑자기 일어나면 어찌 손을 쓸 수 있겠는가. 관부 안에 무기가 있더라도 일이 급해진 뒤에야 비로소 물가에 옮기므로 형세가 미치지 못하는 것을 병자년의 난 때에 내가 친히 보았다. 물가에 보를 설치하면 국가가 난을 당하여 들어가 있더라도, 각 보의 변장邊將이 스스로 방비할 것이다.

『효종실록』, 6년(1655) 1월 17일

효종은 병자호란 때 해안가 방비가 허술했기 때문에 강화도가 함락된 것으로 판단한 것이다. 해안가 방어시설의 필요성을 역설한 효종은 진·보 설치를 독려했다. 그 결과 용진진, 화도보, 인화보, 승천보, 광성보가 세워졌다.

1876년 당시의 진무영
국사편찬위원회 한국사데이터베이스

강화도에 대한 수비체제 구축 노력이 계속돼서 1678년(숙종 4)에 드디어 진무영鎭撫營이 창설되었다. 진무영의 수장인 진무사는 강화유수가 겸하도록 하였다.

강화유수로 진무사를 겸하게 하였다. 이보다 앞서 윤심이 아뢰기를, "강화는 광주와 다름이 없는데 그곳만 밀부密符(유사시에 군사를 일으킬 수 있도록 국왕이 발급해주던 증명패로 병권兵權의 상징이다.)가 없으니, 변통함이 마땅할 듯합니다." 하고, 이원정이 말하기를, "유수를 내직과 같이 보는 것은 예전에도 이런 예가 없었으니, 이제 별도로 명호名號를 세워 방어사의 예와 같이하고, 비로소 밀부와 유서諭書를 내려 주심이 마땅하겠습니다." 하니, 임금이 명하여 대신에게 의논하여 그 이름을 정하게 하였는데, 이때에 이르러서야 정하였다.

『숙종실록』, 4년(1678) 10월 17일

윤심은 강화도가 광주만큼 중요한 곳인데 유수에게 병권兵權이 없는 것은 말이 안 된다고 했다. 이원정은 강화유수에게 방어사 같은 자리를 만들어 병권을 얹어주고 유서諭書(관찰사·절도사·방어사 등이 부임할 때 임금이 내리는 명령서)를 주는 것이 좋겠다고 했다. 이에 임금이 강화유수가 겸할 새로운 관직의 명칭을 정하라고 했고, 신하들의 논의 끝에 '진무사'로 결정되었다.

이후 수 년간에 걸친 정비 과정을 거치면서, 진무영은 독립된 지휘체계를 갖춘 독자적 방어 단위로 자리를 굳히게 된다. 진무영은 강화를 본부로 하는 중영 외에 강화도 바깥에 있는 4개의 외영으로 구성되었다. 그리고 여기에 1개의 별중영別中營이 더해졌다. 내용은 다음 표와 같다.[3]

강화도가 외적의 침입 등으로 위험에 빠지면, 외영은 물론 별중영의 병사들까지 달려와 방어전에 합류하게 되었다. 그로 인해 강화도의 군사적 위상이 아주 높아졌다.

나라에 위급 상황 발생 시 인근 지역 병사들을 강화도로 집결시킨다는 논의는 이미 효종 대에 있었다. 영의정이 '근방 각 고을에 대하여 연변에 신지信地를 나누어 정하여 변란에 임하여 들어가 지킬 곳을 미리

영營	소재所在	속읍屬邑	집결지	파수지派守地
중영中營	강화	본부		
전영前營	부평	인천, 안산	덕진	장자평돈대~오두돈대
좌영左營	통진	김포, 양천, 금천	갑곶	화도돈대~망해돈대
우영右營	풍덕	교하, 고양	승천	옥창돈대~의두돈대
후영後營	연안	배천	인화보	불장돈대~망양돈대
별중영別中營	해미	해미, 대흥, 신창, 평택, 예산, 온양, 면천, 당진, 결성, 덕산, 아산, 서산		서남쪽 지역의 돈대들

알게'하는 것이 어떠한지 물었다. 이에 효종은 "각 고을에 신지를 미리 정하게 하면 다들 국가가 강도로 들어갈 것으로 생각하여 소문을 번거롭게 할 뿐이고 도리어 소요를 더하게 할 것이다."[4]라며 부정적인 견해를 내보였다. 그때 효종의 관심은 진·보 구축에 있었다. 숙종 대에 진무영이 서면서 효종 대의 논의가 실현된 것이다.

　평상시는 강화도 수비 병력이 많지 않았다. 그래서 외영의 지원체제 구축이 필요했다. 1681년(숙종 7) 강화유수 이선이 숙종에게 보고하기를, "본 고을은 섬 둘레가 300여 리이며, 돈대는 48처인데, 군병은 단지 3,000입니다. 혹시라도 사변이 있으면 이 3,000여의 군사로 300여 리의 지역을 어떻게 경계하고 지키며, 돈대를 어떻게 진에 남겨 두겠으며, 본부에서 어떻게 곳곳마다 응접할 수 있겠습니까? 본부에 살고 있는 백성들은 품관이나 서민이나 할 것 없이 강변을 따라 적을 방어

초지진

강화도 해안경계부대인 12진·보의 하나이다. 1656년(효종 7)에 설치되었다.

하는 사람이 아닌 사람이 없습니다. 이것은 국가를 위한 노력일 뿐만 아니라 또한 그 부모와 처자를 보호하는 것입니다."라고 했다.

3,000의 군사로 48처의 돈대를 지키기가 버겁기 때문에 백성들까지 나서서 강화도를 지키고 있다는 말이었다. 진무영이 세워지고 진무영 안에 4개의 외영과 별중영이 포함되면서 비로소 강화도 수비 체제가 견고해졌다. 그러나 얼마 뒤 상황이 변한다. 고양, 교하, 안산, 금천, 양천이 진무영에서 총융청으로 소속이 바뀐 것이다. 충청 지역의 별중영 역시 진무영에서 빠지게 된다. 다음 사료에서 확인해 보자.

영의정 김수항이 아뢰기를 …… 풍덕은 강화에 귀속시키지 않을 수 없으나 고양과 교하는 두 고을의 군병을 통계하더라도 500여 명에 불과합니다. 이는 강화에 있어서는 크게 손익될 것이 없으나 장단에 있어서는 도움이 적지 않으니 지금 마땅히 장단에 되돌려 주어야 합니다. …… 하니, 임금이 이르기를 "총융사가 군제의 변통을 요청한 것이 당초에는 우연한 것이 아니었으나 마침내 형편상 곤란한 바가 있었으니 강화에 귀속된 고양과 교하 두 고을의 군병을 되돌려 주는 것 외에는 다른 도리가 없겠다." 하였다.

『비변사등록』, 숙종 13년(1687) 2월 15일

고양과 교하의 군사를 다시 장단에 소속시켜 총융청의 군사로 삼은 것이다. 이것은 방어체제의 재편성 과정에서 생긴 일인데 총융청의 반발이 주요인이었다.[5] 총융청은 경기 지역 전체를 통괄하던 군영이었

강화유수부 이방청

강화유수부 동헌

고려궁지 안에 있는 조선 시대 동헌으로 강화유수가 업무를 보던 곳이다. 명위헌明威軒이라는 현판이
걸려있다.

다. 그런데 수어청과 진무영에 관할 구역들을 떼어주면서 규모가 축소되었고 그만큼 영향력도 떨어졌다. 처음 강화 진무영에 편성되었던 고양, 교하, 안산, 금천, 양천도 총융청 소속이었다. 총융청의 문제 제기로 이들 지역이 원래대로 돌아간 것이다. 안산, 금천, 양천을 총융청으로 되돌린 것은 1689년(숙종 15)이었다.

어재연 초상
강화역사박물관 소장

강화유수가 겸하는 진무사는 종2품 벼슬이다. 진무사 밑에는 정3품인 중군中軍이 있었다. 중군은 군사 훈련, 무기 관리 등 진무영 본영의 업무를 담당하던 실무책임자였다. 중군 밑으로 천총, 파총, 초관 등의 지휘관이 있었다.

19세기 중엽에 가서 진무영의 위계가 다시 바뀐다. 병인양요(1866)를 겪은 이후, 대원군이 진무영의 권한을 강화한 것이다. 영종도를 진무영의 지휘 아래 두었다. 문신이 강화유수로 임명되어 진무사를 겸하던 방식에서 무신인 진무사가 유수를 겸하는 형태로 바꾸었다.* 종2품이던 진무사의 품계를 정2품으로 올렸고, 정3품이던 중군도 종2품으로 올렸다.[6] 신미양요(1871) 당시 광성보 전투를 이끌었던 어재연의 직책이 진무중군이었는데 진무중군은 진무영의 중군이니, 종2품이다.

* 　대원군이 실권한 이후부터 다시 문신이 강화유수로 임명되었다.

역사의 섬, 돈대의 섬

돈대를 관할하는 상급기관이 진鎭과 보堡였다. 돈대에 앞서 진보체제를 먼저 파악해 볼 필요가 있다. 진이나 보와 같은 부대가 조선 후기 강화도에만 설치되었던 것은 아니다. 이미 조선 전기 충청도·강원도 등의 해안 지역에 진이 있었고, 평안도·함경도 등 국경 지대에 보가 있었다. 하지만 이들 진과 보는 보장처로써의 강화도 진보와 성격을 달리한다.

강화의 해안 경계 부대인 진·보는 12개다. 각 진·보에는 첨사(종3품)나 만호(종4품)나 별장(종9품)*이 지휘자로 파견되어 해당 병력을 통솔했다. 이밖에 종9품인 권관權管이 임명되기도 했다. 1867년(고종 4)에 인화보의 만호를 권관으로 교체한 사실이 실록에 보인다.[7]

첨사와 만호는 병조에서 선발하여 파견했고 별장은 강화유수가 직접 임용할 수 있었다. 대체로 진이 보보다 높은 상급부대였다. 그런데

---

* 모든 별장別將이 9품이었던 것은 아니다. 『강화부지』에 의하면, 문수산성 별장은 병조가 추천하여 임금이 임명하는데, 3품이다.

진·보에 파견된 지휘자의 관직이 늘 고정되었던 것은 아니다. 시기에 따라 첨사가 부임하던 곳에 별장이 가기도 하고 별장이 책임자이던 보에 만호가 책임자로 임명되기도 했다. 진과 보의 명칭 역시 혼용되는 경우가 많았다. 덕진진이 덕진보로, 인화보가 인화진으로 불리는 식으로 말이다.

　다음 표는 이형상의 『강도지』(1696)를 근거로 한 숙종 대의 강화도 진·보 현황이다.

　효종 때 다른 지역에서 옮겨온 월곶진, 제물진, 초지진을 포함해 8개의 진·보가 설치되었다. 숙종 때 덕진진, 장곶보[8]가 들어섰다. 장곶보

○ 숙종 대 진·보 현황

진·보	설진設鎭시기	위치	진장鎭將
월곶진	1656년(효종 7)	강화읍 월곶리	첨사
제물진	1656년	강화읍 갑곶리	만호
용진진	1656년	선원면 연리	만호
화도보	1656년	선원면 연리	별장
초지진	1656년	길상면 초지리	만호
인화진	1657년(효종 8)	양사면 인화리	만호
승천보	1657년	송해면 당산리	별장
광성보	1658년(효종 9)	불은면 덕성리	별장
덕진진	1677년(숙종 3)	불은면 덕성리	만호
장곶보	1677년	화도면 장화리	별장
철곶		양사면 철산리	
정포		내가면 외포리	

초지진
뒤로 보이는 다리는 초지대교이다.

설치는 초지진과 마니산 사이에 진보를 더 두어야 한다는 정언 이수경
의 상소[9]가 실현된 것이다.

강화도의 진·보가 12개라고 했지만, 아직은 10개이다. 1681년(숙
종 7) 강화유수가 숙종에게 보고하는 글 가운데 '본부本府의 6진·4보에
는'[10]이라는 표현이 있다. 또 1683년(숙종 9) 우참찬 조사석이 숙종에
게 아뢰는 말 가운데 "강화의 10개 진보鎭堡 가운데 승천·장곶·광성·
화도 등 4보는 바로 별장이므로"라는 내용이 있다. 숙종 재위 전반기
까지는 10진·보 체제였던 것이다.

나머지 두 개는 철곶보와 정포보이다. 철곶과 정포는 숙종 초 독립
된 신으로 존재했지만, 강화의 진·보 체제에는 포함되지 않았다. 다른
진·보와 달리 강화도 내외로의 이동이 잦았기에 12진·보에 포함된 명
확한 시기를 말하기 어렵다.

한편, 효종 대에 설립된 화도보가 숙종 후반기에 없어지고 대신 선두보가 세워지게 된다. 선두보 설립은 1710년(숙종 36)에 완료되었다. 다음은 강화유수 민진원이 숙종에게 고하는 내용이다.

본부의 화도보를 선두포로 옮길 것을 무자년에 결정하였으나 아직도 거행치 못하였습니다. 이 일은 묵은 재목을 뜯어서 새터로 배로 옮기는 일에 지나지 않으니, 별장이 거느린 토졸土卒 수십 명으로 충분히 역사를 마칠 수 있습니다. 성 쌓는 역사를 비록 현재 벌이고 있다고 하나 별로 이 역사를 해내기 어려운 걱정은 없습니다. 그러므로 신이 재목 수십 그루를 구해주어 지금 현재 옮겨 설치하게 하였습니다.

『비변사등록』, 숙종 36년(1710) 8월 27일

화도보를 선두포로 옮길 것을 결정한 무자년은 1708년(숙종 34)으로 이때는 선두포 축언 공사가 끝났다. "성 쌓는 역사를 비록 현재 벌이고 있다고 하나"는 강화부성(강화산성) 공사가 진행 중임을 말한다.

현재 알려진 대로의 12진·보 명칭은 18세기 영조 재위 기간에 제작된 『해동지도』에서 볼 수 있다. 『정조실록』에도 실려 있는데, 월곶진·제물진·용진진·덕진진·초지진·인화보·철곶보·승천보·광성보·선

---

* 철곶은 수군첨사가 지휘하는 본부 소속의 부대였는데 1666년(현종 7)에 지금 북한 땅인 풍덕으로 옮겨졌다가 1669년(현종 10)에 강화로 되돌아왔다. 그러다가 1712년(숙종 38)에는 주문도로 옮겨지기도 했었다. 정포는 1666년에 교동으로 옮겨졌다가 1669년에 원래의 자리로 다시 왔다. 이후 매음도 등으로 옮겨졌다.

두보·장곶보·정포보의 5진7보이다.[11]

만약 진·보가 들어설 자리가 개인 땅이면 나라에서 값을 내고 땅을 샀다. 그런데 용진진을 세울 때 땅 주인이 돈을 받지 않았는데 이는 땅값이 더 오르기를 기다린 것이다. 강화유수가 땅 주인이 괘씸하나 그렇다고 그냥 빼앗을 수는 없으니 땅값을 더 줘야겠다고 고하자 임금이, "아뢴 대로 하라."[12]고 한 일도 있었다.

돈대는 해안가나 접경지역에 돌이나 흙으로 쌓은 소규모 관측·방어 시설이다. 병사들이 돈대 안에서 경계근무를 서며 외적의 척후 활동을 비롯한 각종 수상한 정황을 살피고 대처하였다. 적이 침략할 때는 돈대 안에 비치된 무기로 방어전을 펼쳤다. 강화도 해안에는 돌로 쌓은 수많은 돈대가 빙 둘러 있다. 흙으로 쌓은 흙돈대[土墩]도 서북쪽 해안에 설치되어 있었다.[13]

돈대의 모양은 원형과 사각형 구조가 대부분이고 분오리돈대처럼 불규칙형도 있다. 분오리돈대는 초승달을 닮았다. 둥글든, 네모지든, 초승달 모양이든, 돈대는 사방이 돌담으로 연결된 밀폐된 공간이다.

그런데 갑곶돈대에 가면 해안가 성벽만 존재할 뿐 돈대는 볼 수 없다. 이름이 잘못 지어진 것이다. 원래 갑곶돈대는 지금 갑곶돈대로 불리는 곳 바로 뒤쪽, 구 강화대교 입구이거나 조금 더 뒤 천주교 성지 안 해안가에 있었던 것으로 보인다.

돈대는 해안경계부대인 진이나 보의 지휘를 받았다. 각각의 진과 보는 2~5개의 돈대를 관할했다. 섬암돈대, 장자평돈대, 초지돈대를 거느렸던 초지진은 여러 부속 건물로 이루어져 있었다. 그러나 지금 남아 있는 건물은 없고 초지돈대만 서 있다. 그러므로 초지진이라고 부르는 곳은 사실 초지돈대라고 해야 적절한 것이다.

숙종 재위 초반에 강화도 돈대 대부분이 세워졌다. 우선 각 진보에 소속된 돈대의 현황을 보자. 『해동지도』에 근거한 것이다.[14]

강화도에 진무영이 창설되고 얼마 뒤인 1679년(숙종 5) 2월 어느 날, 마니산 참성단에서 제를 올리는 사람들이 있었다. 그들은 하늘에 돈대

○ 진·보의 관할 돈대

진·보	소속돈대
월곶진	적북돈대, 휴암돈대, 월곶돈대, 옥창돈대
제물진	망해돈대, 제승돈대, 염주돈대, 갑곶돈대
용진진	가리산돈대, 좌강돈대, 용당돈대
광성보	화도돈대, 오두돈대, 광성돈대
덕진진	손석항돈대[손돌목돈대], 덕진돈대
초지진	초지돈대, 장자평돈대, 섬암돈대
선두보	택지돈대, 동검북돈대, 후애돈대
장곶보	미곶돈대[미루지돈대], 북일곶돈대, 장곶돈대, 검암돈대[선수돈대]
정포보	건평돈대, 망양돈대, 삼암돈대, 석각돈대
인화보	무태돈대, 인화돈대, 광암돈대, 구등곶돈대, 작성돈대
철곶보	초루돈대, 불장돈대[북장곶돈대], 의두돈대, 철북돈대, 천진돈대
승천보	석우돈대, 빙현돈대, 소우돈대, 숙룡돈대, 낙성돈대
영문 소속 돈대	분오리돈대, 송곶돈대, 송강돈대, 굴암돈대, 계룡돈대, 망월돈대

· 화도보를 폐지하고 대신 선두보를 설치함.
· 갈곶돈대와 양암돈대도 설치되었으나 선두포 둑이 완공된 후인 1718년(숙종 44)에 폐지됨.
· 영문 소속 돈대는 진보에 속하지 않고 진무영에서 직접 관할하는 돈대임.

축조 공사를 알리고 일이 순조롭게 진행되기를 빌었다. 마니산제를 주관한 이는 김석주로, 바로 강화도 돈대 축조의 책임자였다.

진과 보가 설치되었지만, 각 진·보의 거리가 멀어서 해안방어에 맹점이 있었다. 다양한 대책들이 거론되다가 1677년(숙종 3) 이인척이 돈대 축조를 건의하면서 논의가 구체화하기 시작했다. 흉년의 어려움을 들어 반대했던 영의정 허적이 어떤 이유에선지 찬성 쪽으로 마음을 바꿨다.[15] 1678년(숙종 4)에 허적은 강화에 돈대 설치가 꼭 필요하다며 워낙 중한 일이니 사람을 강화에 보내 형세를 살펴보고 결정하자고 했다.

이에 숙종은 병조판서 김석주와 대사헌 이원정을 강화도로 보냈다. 이들이 돌아와 강화도의 지형 및 돈대 쌓을 축돈처築墩處 49곳을 그린 지도와 계획서를 올렸다.* 임금은 김석주가 주관하여 돈대 쌓을 것을 명한다. 남인 주도 정권이지만, 서인인 김석주에게 힘을 실어준 것이다. 김석주와 숙종은 의중이 같았을 것이다. 2차 예송에서 승리한 남인이 개성에 대흥산성을 쌓고 군사권까지 장악하려는 움직임을 보이자 김석주에게 49개 돈대를 쌓는 국가적 사업을 맡겨 남인을 견제한다는 정치적 의도가 있었다.

약 50개나 되는 돈대를 쌓으려면 엄청난 돌이 필요했다. 김석주는 그에 대한 대책을 꼼꼼하게 세웠다. 마니산과 별립산 그리고 매음도를

---

* 김석주는 강화도를 돌아보고 온 보고서인 「강도순심후서계江都巡審後書啓」를 숙종에게 올리면서 돈대 설치할 장소 등을 밝힌 「강도설돈처소별단江都設墩處所別單」을 덧붙였다. 돈대를 완공한 후에는 「돈대필축순심후서계墩臺畢築巡審後書啓」를 올렸다.

비롯한 부속 섬들에서 돌을 캐 오도록 했다. 주변 섬에서 강화도로 돌을 실어 나르려면 배가 필요했다. 충청수영에서 30척, 전라좌수영에서 20척, 전라우수영에서 20척을 만들어 강화도로 보내게 했다.

그리고 장산곶에서 잡목 8천조條를 베어 오게 했다. 잡목을 엮어 갯벌에 깔아 길을 내기 위함이었다. 돌을 나르는 데 필요한 생 칡은 호서 지방에서 공급하게 했다. 육로 수송에는 강화부의 병거兵車 70여 량과 진강목장에 있는 소 60~70두를 우선 쓰도록 했다.[16] 전국적인 규모의 축돈 공사였다.

김석주는 49개의 돈대를 쌓으려고 했다. 실제로 세워진 돈대는 48 개로 하나가 줄었다. 취소된 하나는 오두돈대와 광성보 사이 불은평에 세우려고 했던 돈대다. 불은평은 지대가 낮아 바닷물 드나드는 갯골을

숙종을 따른 김석주

숙종은 즉위 당시 14세의 어린 나이였기 때문에 의지처가 필요하다. 그 사람이 바로 김석주(1634~1684)였다. 어머니인 명성왕후의 사촌으로 숙종에게는 외오촌 아저씨가 된다. 김석주는 숙종 재위 초반 10년 동안 왕의 측근으로 활동했다.

김석주는 영의정을 지낸 김육의 손자이다. 서인이지만 송시열계가 아닌, 말하자면 비주류에 속해 있던 인물이다. 현종 말년 2차 예송논쟁 때 남인 편을 들어 장렬왕후의 1년 상복설을 가능하게 했다. 숙종이 즉위하자마자 우승지에서 수어사 겸 이조참판으로 특진되었고 이어서 도승지가 되어 왕을 보좌했다. 이후 벼슬이 올라가면서도 왕의 곁을 지켰다. 그리하여 '숙종은 김석주의 길을 헤아렸고, 김석주는 숙종의 의중을 미리 따랐다.'[17]라는 평가를 듣는다.

오두돈대

손돌목돈대

삼암돈대

분오리돈대(위)와 용두돈대(아래)

메우면서 돌을 쌓아올려야 했다. 다른 곳보다 공력이 아주 많이 들어 다음을 기약한 것으로 보인다.

돈대 축조 공사는 1679년(숙종 5) 2월 26일 황해도·강원도·함경도 승군 8,000명이 통진현에 모여 점호를 마친 뒤 3월 3일 강화도에 들어오면서 시작되었다. 채석작업이 몇 개월 전인 1678년(숙종 4) 12월 1일부터 이미 진행되고 있었지만, 석재 운반 작업의 어려움이 만만하지 않았다. 계획된 공사 기간이 40일이었으나 그 안에 끝내기가 어려워져서 승군 900명이 추가로 투입되었다.

김석주는 돈대 여장 공사를 위해 자신이 대장으로 있는 어영군 4,262명도 동원하였다. 1679년(숙종 5) 4월 6일 승군 8,900명이 철수하고 그 자리를 어영군이 대신하게 되었다. 5월 23일경 돈대 공사가 끝났다. 애초 계획의 두 배인 80일 정도 걸려서 완공된 것이다. 채석 작업 기간까지 포함하면 대략 6개월이 소요된 공사였다. 돈대 축조에 동원된 소요 인력은 승군, 어영군 외에 석수 1,110명, 목수 등 조역助役 1,000여 명까지 모두 15,300명이 이르렀다.

김석주가 돈대 쌓는 총책임자였지만, 강화에서 직접 축돈 작업을 지휘했던 것은 아니다. 실무는 '강도축성장江都築城將'으로 임명된 이우가 맡았다.[18] 그런데 이우가 모역사건에 휩싸이면서 강화유수 윤이제가 대신하게 되었다. 어영군에 의한 후반기 공사는 김석주가 뽑아 보낸 중군 윤천뢰가 맡았던 것으로 보인다.

다음은 어영군이 승군과 막 교대한 후, 병조판서 김석주가 강화도를 돌아보고 가서 숙종에게 보고하는 내용이다.

신의 중군 윤천뢰는 도착하는 대로 점검하여 각 돈대의 일터로 이미 나누어 보냈습니다. 신이 본부의 유수 윤이제를 만나 돈대 역사의 진행 상황을 자세히 물어보니 승군이 취역한 지 이미 한 달이 넘었으나 심력을 다하여 아침저녁으로 일에 종사하여 하나도 마을에 들어가 말썽을 부린 일이 없다고 하였고, 윤천뢰도 말하기를 '어영군은 모두 익히 훈련을 받은 병사들이어서 어제와 오늘 행군할 때에도 꽤 질서를 지켰으니 앞으로 힘써 일을 하겠고 싫다거나 태만하는 일은 없을 듯 합니다.' 하였습니다. 그래서 이 뒤로는 돈대 역사에 관계된 모든 일은 반드시 유수와 상의하여 시행하라고 윤천뢰에게 당부하였습니다.

『비변사등록』, 숙종 5년(1679) 4월 8일

이렇게 48개의 돈대가 완성된 이후 몇 개의 돈대가 세워지면서 53돈대 체제가 완성되기에 이른다.[19] 숙종 재위 기간에 52돈대, 영조 때 1돈대를 더해 모두 53돈대이다.(축돈시기를 알 수 없는 용두돈대를 포함하면 54돈대가 된다.)

영조 역시 강화도 수비체제 구축에 정성을 기울였던 군주다. 그런데 영조가 강화도를 보는 관점은 숙종 등과 달랐다. 나라가 위기에 처했을 때 조정을 강화도로 옮긴다는 선대왕들의 구상과 달리 영조는 도성에서 적과 맞서 싸우며 서울을 지켜내려는 의지가 더 강했다. 강화도를 도성을 지켜내는 방어선 개념으로 인식했다.[20] '섣불리 조정을 강화로 옮겨 백성들을 불안하게 하지 않겠다. 한양을 사수하는 노력을 다한다.'라고 여긴 것이다.

축돈 시기	돈대 수	돈대 이름
1679	48	가리산돈대, 갈곶돈대[폐지], 갑곶돈대, 건평돈대, 계룡돈대, 광성돈대, 광암돈대, 구등곶돈대, 굴암돈대, 낙성돈대, 덕진돈대, 동검북돈대, 망양돈대, 망월돈대, 망해돈대, 무태돈대, 미곶돈대, 분오리돈대, 북일곶돈대, 불장돈대, 삼암돈대, 석각돈대, 석우돈대, 섬암돈대, 소우돈대, 손석항돈대, 송강돈대, 송곶돈대, 숙룡돈대, 양암돈대[폐지], 염주돈대, 오두돈대, 옥창돈대, 용당돈대, 월곶돈대, 의두돈대, 인화돈대, 장곶돈대, 장자평돈대, 적북돈대, 제승돈대, 좌강돈대, 천진돈대, 초지돈대, 택지돈대, 화도돈대, 후애돈대, 휴암돈대
1691 ~1695	1	검암돈대
1718	1	빙현돈대
1719	1	철북돈대
1720	1	초루돈대
1726(영조 2)	1	작성돈대
불명	1	용두돈대

계룡돈대와 초루돈대

계룡돈대는 내가면 황청리 바닷가에 있다. 복원된 계룡돈대 정면 왼쪽
아래에는 글이 새겨진 돌이 하나 있다.

康熙十八年四月

日慶尙道

軍威御營

'강희18년 4월 일 경상도 군위어
영'. 강희 18년은 1679년(숙종 5)이
다. 그해 4월 어느 날 경상도 군위
현에서 온 어영청 소속의 군대라는
의미이다. 돈대 축조 공사가 3월 초
에 시작돼서 5월 말에 끝났으니 명
문이 새겨진 4월은 공사가 진행되
고 있을 때이다. 돈대가 완공된 것

계룡돈대 명문

을 기념하는 공식적인 글은 아니다.

승군이 철수하고 그 자리에 경상도에서 올라온 어영군이 배치되었고, 그중 누군가가 이 글을 새겼을 것이다. 역사를 기록한다는 사명감 없이 가볍게 새겨진 이 15글자는 그대로 소중한 역사가 되어 그때의 사실을 전하고 있다.

계룡돈대에는 무기고 겸 숙소로 쓰는 자그마한 건물, 즉 돈사墩舍도 있었다. 돈대 안에 돈사가 들어선 것은 돈대가 세워지고 4년이 흐른 뒤였다. 1682년(숙종 8) 강화유수 조사석은 각 돈대에 5칸 규모의 돈사를 지어 3칸은 창고로 쓰고 2칸은 돈대지기의 숙소로 쓰게 하자고 숙종에게 건의했다. 우의정이 된 김석주가 적극 동조하자 숙종이 돈사 설립을 지시했다.[21] 다음 해인 1683년(숙종 9) 35개의 돈대에 돈사가 조성되었다.[22] 나머지 돈대들에도 차차 돈사가 들어섰을 것이다.

지금 강화도 돈대 가운데 돈사가 남아 있거나 복원된 곳은 없다. 다만 일부에서 그 흔적을 찾을 수 있다. 동쪽 해안 용당돈대에 돈사 터를 확인할 수 있는 주춧돌이 있다. 서쪽 해안 망월돈대 갯가에는 옛 기왓조각이 수두룩한데 돈사 지붕을 덮었던 기와였을 것이다. 북쪽 해안 작성돈대 안에서도 흙을 높게 다진 돈사 터가 기왓조각과 함께 확인된다. 돈사 바닥에 깔았던 것으로 보이는 전돌도 보인다.

1690년(숙종 16)에는 돈대에 대한 부분적인 증축이 이루어진 것 같다. 실전에 좀 더 유용하도록 구조 변경 작업을 벌인 것으로 그 내용은 다음과 같다.

계룡돈대 복원 전(위)과 복원 후(아래)

강화도 서쪽 해안의 대표적인 돈대이다. 물 건너 보이는 곳은 삼산면 석모도이다.

강화유수 신후재가 말하기를, "강도의 바닷가에 있는 돈대는 마흔여 덟인데, 전면은 높아서 거의 두 길이 되나 후면은 낮아서 혹 예닐곱 자도 됩니다. 당초에 감독하여 쌓은 자의 뜻은 대개 전면은 바다를 향하였으므로 높이 쌓고 후면은 성을 향하였으므로 방비가 조금 쉽다는 것이었겠으나, 적이 이미 뭍에 오르고 나면 앞뒤가 다를 것이 없다는 것을 아주 몰랐던 것이니, 후면 중에서 가장 낮은 것은 더 쌓지 않을 수 없습니다." 하니, 임금이 말하기를, "과연 아뢴 바와 같다." 하였다.

『숙종실록』, 16년(1690) 5월 13일

너무 낮게 쌓은 돈대 후면을 적절하게 높이겠다는 강화유수의 보고 이다.

한편 돈대에서 명문이 발견된 것이 여기 계룡돈대 말고 하나 더 있다. 양사면 북성리에 자리 잡은 초루돈대이다. 소래돈대라고도 불리는데, 명문은 다음과 같다.

康熙五十九年四月日
□□前別將崔□螢
牌將敎鍊官張俊英
前司果金□□

강희 59년은 1720년(숙종 46)이니, 숙종 재위 마지막 해이다. 강화에서의 숙종 시대 마지막 흔적이 바로 초루돈대인 셈이다. 이 명문은 사람 이름을 새겼는데 별장, 비장 등 관직명이 함께 새겨진 것으로 보아 돈대 축조를 지휘했던 이들임을 짐작할 수 있다. 계룡돈대 명문이 공사 중에 새겨진 것과 달리 초루돈대 명문은 공사가 끝남을 기리며 새긴 것으로 보인다. 글자가 예쁘지만 작고 희미해서 육안으로 읽어내기 어렵다.

초루돈대는 옛 모습을 간직하고 있다. 북쪽 해안 군부대 구역에 자리 잡아 민간인의 출입이 통제되는 곳이다. 돈대 안 한구석에 앙증맞은 우물이 있어 이채롭다.

숙종 초의 48돈대 축성은 조정의 실세인 김석주를 책임자로 한 국가적 사업으로 추진되었다. 그러나 초루돈대는 강화유수가 책임지고 진행했을 것이다. 따라서 강화도 주민도 축돈 공사에 동원되었을 것으로 생각된다. 다음 실록의 내용을 통해 추정할 수 있다.

> 우의정 이건명이 말하기를, "전 강화유수 권성이 돈대가 희소하다 하여 열네 군데에 더 쌓을 것을 장청狀請한 바 있는데, 일찍이 전에 토성을 쌓을 때 한 유수로 하여금 5리를 쌓도록 하였으니, 지금도 한 유수로 하여금 한 돈대를 쌓게 할 경우 14명의 유수를 거치면 완축完築할 수가 있습니다. 청컨대, 이로써 분부하소서.
>
> 『숙종실록』, 45년(1719) 2월 20일

강화유수 권성이 14곳에 돈대를 추가 설립할 필요성을 말했었고, 이를 우의정 이건명이 대리청정 중이던 세자에게 다시 건의한 것이다.

유수마다 재임 기간에 돈대 1개를 쌓게 해서 14명을 거치면 모두 완성할 수 있다는 장기적인 축돈 계획이다. 이에 따라 다음 해인 1720년(숙종 46)에 초루돈대가 세워진 것이다. 그러나 영조 즉위 초인 1726년에 작성돈대가 추가로 세워진 이후 더 이상의 돈대는 세워지지 않았다. 굳이 있다면, 축돈 시기를 알기 어려운 용두돈대뿐이다.

작성돈대

인화보 소속 돈대이다. 유일하게 영조 때 세워졌다.

50여 개의 돈대 가운데 복원을 통해 원래의 모습을 되찾은 것이 있고 무너져 내린 채 존재하는 것이 있고 형태조차 찾기 어려운 것이 있다. 돈대로 잘 알려진 곳이 강화도 동쪽 해안, 그러니까 김포와 마주 보고 있는 지역이다. 북쪽부터 따져 연미정에 자리 잡은 월곶돈대, 용당돈대, 화도돈대, 오두돈대, 광성돈대, 용두돈대, 덕진돈대, 초지돈대를 볼 수 있다.

갯벌이 넓게 펼쳐진 남쪽 해안에서는 후애돈대, 분오리돈대, 송곶돈대, 미루지돈대(미곶돈대), 북일곶돈대 등을 만나게 된다. 아름다운 낙조를 볼 수 있는 곳인데 동막해수욕장 가까이 있는 분오리돈대를 사람들이 많이 찾는다. 봄, 여름, 가을, 겨울 언제라도 가볼 만한 곳이다.

미루지돈대는 복원의 손길이 닿지 않아서 오히려 좋다. 보기 드문

후애돈대

길상면 선두리 해안에 있다. 택지돈대와 함께 선두보 소속이었다.

망월돈대

갯가에 돌을 쌓아 바닥을 다진 후 그 위에 돈대를 올렸다. 매우 낮은 위치에 자리잡았으나 조망이 탁
트였다. 하점면 망월리에 있다.

미루지돈대

출입문이 돈대에서는 보기 드문 홍예문이다. 홍예문이 설치된 곳은 월곶돈대와 구등곶돈대 정도이다.

무태돈대

직사각형 구조의 돈대로 둘레가 145m이다. 1679년(숙종 5)에 세워졌다.

창후리 갯벌

하점면 창후리 포구 주변의 모습이다. 바로 옆으로 무태돈대가 있다.

옛 여장이 일부나마 남아 있다. 출입문도 특이하게 홍예문이다. 홍예문은 월곶돈대와 구등곶돈대에서도 볼 수 있다. 한편 동검도에 동검북돈대가 있었다. 동검북돈대는 강화도 모든 돈대 중에 규모가 제일 컸다. 다른 돈대들의 두 배쯤 되는 크기였다. 하지만 지금은 무너져 흔적만 확인된다.

서쪽 해안에도 돈대가 여럿 있는데, 그 가운데 계룡돈대, 망월돈대, 무태돈대가 볼 만하고 가기도 쉽다. 돈대가 대개 지대가 좀 높은 곳에 자리 잡았지만, 망월돈대는 갯기에 닿아 있어 색다른 느낌이다. 물이 드는 아랫부분을 석축石築으로 넓게 돌리고 그 위에 돈대를 세웠다. 애초 김석주의 계획대로 오두돈대와 광성돈대 사이에 돈대를 앉혔다면 망월돈대와 유사한 구조가 되었을 것이다. 창후리 포구 가까이 있는 무태돈대는 주변 경관이 좋다.

북한 땅과 마주하고 있는 북쪽 해안에도 여러 개의 돈대가 밀집되어 있다. 명문이 있는 초루돈대, 돈사 터가 있는 작성돈대(까치아래돈대), 최북단에 위치한 불장돈대(북장곶돈대) 등이다. 그런데 이 지역은 민간인의 출입이 통제되는 군사구역이라 가 보기가 쉽지 않다. 북한이 코앞이니 전면적인 개방은 어려울 것이다. 그래도 돈대 보존 상태, 군사보안의 문제 등을 고려하여 일부 돈대라도 일반인들이 답사할 수 있게 되었으면 하는 바람이다.

월곶돈대도 민간인 통제구역이었으나 몇 해 전에 풀렸다. 돈대 자체는 새로 복원한 것이라 특별하지 않지만 돈대 안에서 보는 주변 경관이 각별하다. 한강이 바다와 만나는 지점에 돈대가 있고 그 돈대 안에

월곶돈대

연미정을 감싸 안은 돈대가 월곶돈대이다. 북한 땅이 훤히 보인다.

연미정燕尾亭이라는 고려 때의 정자가 있다. 월곶돈대 바로 아래 이곳이 황형 장군의 집터임을 알려주는 장무공황형장군택지비莊武公黃衡將軍宅地碑가 섰다. 황형(1459~1520)은 삼포왜란을 진압한 조선의 명장으로 강화 사람이다. 『연려실기술』에 전하는 황형에 대한 일화를 살펴보자.

공의 시골집이 강화도 연미정에 있었는데, 일찍이 소나무 수천 그루를 심었다. 사람들이 묻기를, "공은 이미 늙었는데 무엇하러 그렇게 많이 심으시오." 하니, 공은 "후세에 당연히 알 것이다." 하였다. 선조 임진년에 김천일·최원이 들어와서 강도를 보전하는데, 무릇 배와 기계를 이 나무로 만들어 쓰고도 남았다.

임진왜란을 예견하여 소나무를 가득 심었고, 의병장 김천일이 잘 자란 소나무로 전선을 만들어 왜군과 맞섰다는 이야기이다. 김석주가 강화도를 살피고 돈대 세울 곳을 정한 후, 숙종에게 보고하는 글에도 황형 장군이 등장한다.

월곶진은 곧 연미정이니, 중묘조中廟朝의 명장 황형의 유기遺基입니다. 조정에서 이미 이 진을 설치한 뒤에 장차 대가代加하려고 하였는데, 황형의 후손인 고故 대사성 황호黃㦿23가 힘껏 사양하고 받지 않았습니다. 이제는 황호의 아들 황익이 가난하고 피폐하여 떨치지 못한다고 하니, 이제 만약 그 경작하지 않는 언전堰田을 헤아려 준다면 거저 빼앗았다는 기롱은 없을 것입니다.　　　　『숙종실록』, 4년(1678) 10월 23일

월곶진을 설치한 지역이 황형 집안 땅이라 나라에서 땅값을 지급하려 했으나 황형의 후손 황호가 받지 않았다고 했다. 나라에 기증한 셈이다. '황호가 죽었고 집안이 기울었고 아들 황익은 몹시도 가난하다. 그러니 황익에게 간척으로 생긴 땅을 좀 나눠주는 것이 좋겠다. 그러면 나라에서 황형 집안 땅을 뺏어 월곶진을 세웠다는 항간의 비웃음이 사라질 것이다.'라고 김석주가 숙종에게 건의한 것이다. 그리하여 월곶돈대에 황형장군 택지비가 서게 된 것이다.

장무공황형장군 택지비

강화도로 보내진 불랑기

갑곶돈대 안, 이섭정이라는 정자 아래로 내려가다 보면 불랑기라는 길이가 80cm 정도의 자그마한 포가 보인다. 유럽에서 만들어져 중국을 거쳐 조선에 들어온 무기로, 광성보 광성돈대 안에도 갑곶돈대 불랑기와 같은 크기의 불랑기가 있다.

갑곶돈대 불랑기

그런데 아래가 뻥 뚫린 것이 모양새가 조금 이상하다. 불랑기는 모포와 자포로 나뉘어 있는 것이 특징이다. 탄환을 발사하는 포신, 그러니까 발사 틀을 모포母炮라 하고, 탄환과 화약을 채워 넣는 쇠통을 자포子炮라고 한다. 갑곶돈대와 광성돈대 불랑기는 모포만 있고 자포가 없으며 뻥 뚫린 공간은 자포가 들어가던 곳이었다.

불랑기의 최대 장점은 다른 대포

들과 달리 연속 발사가 가능하다는 점이다. 발사 후 미리 준비해 둔 자포만 갈아 끼우면 곧바로 사격할 수 있으니까 전투에서 큰 힘을 발휘할 수 있다. 일반 대포가 한번 쏘고 한참 후에야 또 쏠 수 있었지만 불랑기는 연속적으로 발사가 가능했다. 유효 사정거리는 수평 사격으로 약 500m, 45도 각도로 발사하면 1km 정도였다.[24]

자포가 들어간 불랑기
서울 전쟁기념관 소장

하지만 모포와 자포의 규격이 정밀하게 맞아떨어지지 않으면 곤란하다는 단점이 있었다. 자포가 작으면 화약이 폭발할 때 가스가 새면서 탄환의 위력이 떨어졌다. 자포가 커서 모포와 너무 꽉 끼면 포신이 터져 병사들이 다쳤다. 그럼에도 효용성이 커서 강화도를 비롯한 여러 지역에서 주력 무기로 쓰였다.

통제사 정부현으로 하여금 불랑기 4, 5호 5십 위位와 정철 자포正鐵子砲 2백 문, 잠철箴鐵 1백 개 및 매 위位마다 족철足鐵 1개씩을 만들어 강화도로 보내게 하였다.　　　　　　　　　『현종실록』, 6년(1665) 5월 8일

강화도로 보낸 불랑기가 4호와 5호라고 했다. 4, 5호가 있으면 1, 2,

광성보 불랑기
광성보 안해루 옆 광성돈대 안에 있다.

3호도 있다는 뜻이었다. 불랑기는 크기에 따라 1호부터 5호까지 다섯 종류로 만들어졌는데 1호가 제일 크고 5호가 가장 작은 것이다.[*] 강화의 각 돈대에 비치된 무기들 가운데 중요한 것이 불랑기였다.

모든 돈대에 4호 불랑기 8개와 자포 40개가 기본적으로 비치되었다. 그런데 월곶돈대에 2호 불랑기 2개가 추가되었고, 갑곶돈대에도 3호 불랑기 2개, 4호 불랑기 8개, 5호 불랑기 38개가 더해졌다.[25] 갑곶 돈대와 월곶돈대에 불랑기를 추가 배치한 것은 두 돈대가 강화의 관문을 지키는 핵심 돈대이기 때문이다. 월곶진, 제물진, 용진진에 1호 불랑기가 2개씩 있었는데 돈대에는 배치하지 않았던 것 같다. 물론 숙종 당시의 상황이다.

불랑기 모포와 자포는 청동이나 철로 만들었다. 장전한 자포를 모포에 삽입하고 잠철箴鐵을 자포의 뒤쪽에 박아 고정한 후 발사했다. 위 실

---

[*] 『화기도감의궤』에 따르면 조선의 4호 불랑기 크기가 약 98cm이다. 5호 불랑기는 82cm 정도로 2척이 넘는다. 지금 갑곶돈대와 광성돈대에 있는 불랑기는 5호, 그러니까 제일 작은 불랑기이다.

록에 언급된 족철足鐵은 포신을 지탱하는 '받침쇠'를 말하는 것 같다.

　포르투갈 등 유럽에서 제작된 불랑기가 중국에 전해진 것은 16세기 초이다. 수년 뒤 명나라는 대량으로 불랑기를 제작할 수 있게 되었다. 그들은 임진왜란 때 불랑기를 갖고 조선에 왔다. 이덕형이 선조에게 명군의 평양성 탈환 소식을 보고하면서 명군이 사용하던 불랑기 등의 위력을 설명하는 실록의 내용을 살펴보자.

　　이덕형이 아뢰기를, "평양성을 함락시킬 때 보니 비록 금성탕지라 하여도 어쩔 수 없었습니다." 하니, 상이 이르기를, "무슨 기구로 함락시키던가?" 하였다. 이덕형이 아뢰기를, "불랑기·호준포·멸로포 등의 기구를 사용하였습니다. 성에서 5리쯤 떨어진 곳에서 여러 포를 일시에 발사하니 소리가 하늘을 진동하는 것 같았는데 이윽고 불빛이 하늘에 치솟으며 모든 왜적이 붉고 흰 깃발을 들고 나오다가 모두 쓰러졌습니다. 그러자 중국 병사들이 우르르 성으로 들어갔습니다." 하였다.

　　　　　　　　　　　　　　　　　『선조실록』, 27년(1594) 3월 20일

　이 실록 내용을 근거로 해서 조선에 불랑기가 도입된 시기를 임진왜란 때로 보아 왔는데 불랑기가 임진왜란 전부터 조선에서 사용된 무기였음이 밝혀졌다. 1563년(명종 18)에 제작된 불랑기 자포 3점이 1982년에 서울 목동에서 발견된 것이다. 보물 제861호로 지정된 이 자포의 발굴로 조선에 불랑기가 도입된 시기가 1563년 이전임을 알게 되었다.

　불랑기의 성능에 대해 당대인들은 깊은 신뢰를 보냈다. 강화유수 조

초지진 불랑기

신미양요 당시 미군의 포격으로 무너진 초지진의 모습이다. 아래쪽으로 불랑기가 보인다.

복양은 강화에 비치된 무기 가운데 제일가는 화기가 불랑기라고 현종에게 보고했다.[26] 이형상은 '성 위에서 사용하기 편하기로는 이것만 한 것이 없으니, 이것이 모든 포 가운데 으뜸'이라고 불랑기를 칭찬했다. 숙종도 불랑기를 높이 평가해, "불랑기는 성곽을 지키고 적군과 대진對陣하는 데 가장 마땅하니, 이것은 군기軍機의 중요한 기구이다."[27]라고 했다.

한편 숙종 때는 강화도에서 직접 불랑기를 제조하기도 했다. 인천시립박물관에 소장된 '숙종6년명 불랑기'에 1680년(숙종 6) 2월에 강화도

에서 만들었다는 명문이 있다.[28]

불랑기는 병자호란, 신미양요, 운요호 사건 때도 강화의 진·보·돈대에서 변함없이 사용되었다. 신미양요 당시 미군은 자신들의 '활동' 내용을 여러 장의 사진으로 남겼다. 그들이 초지진을 점령한 후 찍은 사진에서 조선의 불랑기를 찾을 수 있다.

병인양요(1866)가 수습된 뒤에 신헌(1811~1884)이 마반차磨盤車라는 포가砲架를 만들었다. 마반차는 바퀴가 달린 포 받침대이다. 여기에 불랑기 등을 올려놓고 쓰게 되자 포의 이동과 발사각 조절이 한결 수월해졌다. 신헌은 병인양요 당시 총융사로서 강화도 수비 임무를 수행했다. 강화도조약(1876)과 조미수호통상조약(1882) 체결 때는 조선 측 대표를 맡았다.

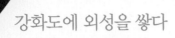

강화도에 외성을 쌓다

고려 대몽항쟁기 강화도 조정은 몽골의 침략에 대비해 동쪽 해안에 외성을 쌓았다. 『고려사』 병지^{兵志}에 외성을 쌓은 해가 천도 이듬해인 1233년(고종 20)이라고 나오는데, 같은 책 세가^{世家}에는 1237년(고종 24)이라고 쓰여 있다. 아마도 1233년에 시작해서 1237년에 완성한 것 같다.

　5년간 쉼 없이 계속 쌓지는 않았을 것이다. 필요에 따라 한 구역을 쌓고 또다시 쌓는 방법으로 진행되어 여러 해가 걸린 것 같다. 1233년에 외성을 다 쌓았고, 1237년에는 증축한 것으로 볼 수도 있다. 1900년대 초에 완성된 『증보문헌비고』의 '고려고종이십년축강도외성^{高麗高宗}^{二十年築江都外城} 이십사년우증축^{二十四年又增築}'이라는 내용이 그 예이다.

　고려 시대 강화외성은 몽골군의 침략 의지를 꺾는 든든한 방어막이었다. 하지만 고려 정부가 항복한 이후, 몽골의 강요로 헐어 버려야 했다. 이후 고려 말, 조선 전기까지 복원되지 않다가 임진왜란을 겪으면

강화외성

숙종 대에 쌓은 강화외성의 흔적은 갑곶돈대에서 초지진 사이 해안도로를 따라가며 만날 수 있다.

서 재건의 필요성이 제기되기 시작했다.

그러면 조선 시대에 강화외성을 처음 쌓은 것은 언제일까? 대개 1618년(광해군 10)이라고 보는데, 『강도지』에 '광해 무오년(1618)'에 외성을 쌓았다는 기록에 근거한다. 『강화부지』(1783)에도 그렇게 나온다. 『속수증보강도지』(1932)는 "외성은 해안의 동안을 따라 있는데 적북으로부터 초지에 이르기까지…… 광해군 10년(1618) 무찰사 심돈이 토축으로 고쳐 쌓았다."[30]라고 비교적 상세하게 기록했다.

강화의 역사를 소상히 전하는 대표적인 옛 책 세 권이 모두 광해군 때 외성을 쌓았다고 말하고 있으나 분명 석연치 않은 부분이 있다.

광해군 대에 이미 보장처로써 강화에 관한 관심이 높았던 것은 사실이다. 광해군은 "강도는 곧 보장의 땅이므로 미리 보완하지 않을 수 없다."[31]고 하였다. 그는 수시로 사람들을 강화에 보내 지형 등을 살피게 했다. 1618년에 심돈을 강화에 파견했던 것도 강화도 방비책을 구상하는 과정이었다. 그런데 실록에 의하면 당시 심돈의 직책은 무찰사撫察使가 아니고 검찰사檢察使였다.

> 왕이 선정전에 나아가 검찰사 심돈을 인견하였다. …… 왕이 이르기를, "경이 지금 내려가서 형세를 살펴보고서 좋은 쪽으로 처치하는 것이 좋겠다. 또 강도가 비록 보장이라 하지만 군기·군량을 미리 조처하여 갖춘 연후에야 보장이라 할 수 있다. 축성하는 공력이 반드시 어려울 것이니 목책을 먼저 만들어 세워서 난리에 임하여 의귀依歸할 곳으로 삼아야 한다. 　　　　　　　『광해군일기』, 10년(1618) 7월 2일

심돈이 강화도에 다녀온 결과를 보고하자 광해군은 다시 가서 형세를 더 살피라고 했다. 그러면서 외성을 쌓을 여력이 없으니 축성築城 대신 목책木柵을 세우라고 지시했다.* 이때 외성을 쌓았다는 『강도지』 등

---

* 광해군이 이때 처음으로 목책 설치를 명한 것이 아니다. 1614년(광해군 6) 7월 11일에 강화부사 이정표가 목책 설치를 건의했고, 비변사에서는 강화부 홀로 설치하기 벅차니 인근 고을의 협조를 구하는 게 좋겠다고 했고, 광해군이 그리하라고 했다. 그리고 4년 뒤인 1618년에 다시, 외성 쌓는 것은 어려우니 목책을 먼저 세우라고 명한 것이다.

의 기록과 상반되는 내용이다. 그런데 목책조차 이때 완결 짓지 못한 것 같다. 인조 때도 여전히 강화도 목책 설치에 대한 논의가 벌어지고 있다.

상이 이르기를, "전에 강도의 연안에다 목책을 설치하자는 의논이 있었는데, 지역이 매우 넓으니 어떻게 다 설치할 수 있겠는가." 하니, 시백이 아뢰기를, "단지 요해처에만 설치할 따름입니다." 하고, 심열은 아뢰기를, "목책은 쉽게 훼손되니, 토성土城만 못할 듯합니다." 하고, 경석은 아뢰기를, "나무는 물속에 있으면 썩지 않습니다. 전조前朝에 설치해 놓은 목책의 나무가 지금까지 보존되어 있다고 합니다." 하였다. 『인조실록』, 16년(1638) 1월 4일

병자호란 직후에 인조는 호조판서 심열, 공조판서 이시백, 부제학 이경석 등과 함께 강화도 수비 대책에 대해 논의했다. 인조가 목책 설치 방법을 묻자 이시백이 중요한 곳에만 설치하면 된다고 대답했다. 심열은 목책이 쉽게 훼손된다며 토성을 쌓는 게 낫다고 반대했다. 그러자 이경석이 고려 때 설치한 목책 가운데 지금까지 남아 있는 게 있다며 목책 설치에 찬성 의견을 냈다.

그러던 1649년(인조 27) 3월 11일, 강화유수 조계원은 인조에게 "지금 같은 나라의 형세로는 성을 쌓기 어렵거니와 방책防柵을 설치하기도 어렵습니다."라고 보고했다. 한 달여 뒤인 4월 23일, 인조는 강화도 해안의 중요한 곳에라도 성을 쌓으면 좋겠다는 의견을 피력했다. 그러자

병조판서 이시백은 "무슨 백성의 힘으로 쌓을 수 있겠습니까."하고 대답하였다.

아무래도 광해군 대에 외성을 쌓았다는 『강도지』 등의 기록에는 착오가 있었던 것이 아닐까 싶다. 계획은 있었으나 실행은 안 되었고, 조선 시대 강화외성은 숙종 대에 비롯되었다고 보는 것이 이치에 맞다. 그럼 실록을 통해 외성 축성 과정을 살펴보자.

1690년(숙종 16) 9월 9일, 숙종은 우의정 김덕원과 훈련대장 이집을 강화에 보내 성 쌓을 터를 살펴보게 했다. 9월 12일, 김덕원 등이 강화에서 돌아와 다음과 같이 보고했다.

우의정 김덕원·훈련대장 이집이 강도에서 돌아와 청대하니, 임금이 소견召見하여 성을 쌓을 곳의 형세를 물었다. 김덕원이 말하기를, "돌로 쌓으면, 넓이가 매우 넓어서 쌓기가 어렵거니와, 지키기도 어려울 것입니다. 부성으로 말하면, 쌓기가 좋기는 하나, 밖을 쌓지 않고서 안을 쌓으면 천연의 요새지인 강화를 잃을 것이니, 또한 어떻게 지키겠습니까? 승천보부터 초지수까지는 매우 좁아서 건너기 쉽고 또 물길이 전보다 크게 바뀌어 다 배를 댈 수 있으므로 이것은 반드시 다투는 곳이 될 것이니, 먼저 이곳을 쌓는 것이 좋은 계책일 듯합니다." 하니, 임금이 말하기를, "그 사이의 거리[道里]가 얼마나 되는가?" 하였다. 김덕원이 말하기를, "서로 40여 리 떨어져서 도리가 자못 멉니다. 석성을 쌓는다면 허다한 물력을 써야 하겠으나, 바닷가는 흙의 성질이 매우 단단하므로 흙을 가져다가 성을 쌓으면 공력을 덜 수 있고 단단하기는 돌보다 나을 것입니다." 하고, 이집이 강화의 그림을 바치고 이어서 말하기를, "고려 때의 토성 터가 아직 남아 있는데, 돌보다 단단하여 대포라도 깰 수 없습니다." 하고, 김덕원이 지도를 가리키며 형세의 편부와 도리의 원근을 자못 상세하게 아뢰니, 임금이 말하기를, "고려 고종이 40여 년 동안 강도에 들어가 토성으로 적병을 방비할 수 있었으니, 이것을 쌓는 일은 단연코 그만둘 수 없겠고, 병자년에 부성이 있었다면 함몰되지는 않았을 것이니, 내성도 없어서는 안 되겠다." 하였다. …… 마침 좌의정 목내선이 말미를 받아 성묘하고 돌아왔는데, 임금이 들어오게 하도록 명하고, 또 김덕원에게 명하여 목내선에게 그 형세를 가리켜 말하게 하니, 김덕원이 그림을 펴고 다시 설명하였다. 목내선이 말하기를, "이대로 성을 쌓아야 하겠으나, 흉년에 백성을 부리는 것은 폐단이 있으므로 삼군문三軍門으로 하여금 쌓게 하여야 하겠으니, 다시 구관당상句管堂上으로 하여금 가서 보고 나서 아뢰도록 하는 것이 좋겠습니다." 하니, 임금이 윤허하였다.

『숙종실록』, 16년(1690) 9월 12일

김덕원 등은 '석성보다는 토성으로 쌓는 것이 좋겠다. 부성府城(외성과 대비되는 내성의 개념)이 필요하지만 외성이 더 급하다. 쌓을 곳은 승천보부터 초지진까지다.'라고 보고했다. 숙종은 고려 대몽항쟁기에 강화도 조정이 안전했던 것은 흙으로 쌓은 외성 덕분이었고, 병자호란 때 강화도가 함락된 것은 강화부성이 부실했기 때문이라며, 외성과 부성 모두의 중요성을 말했다.

이때까지 숙종은 외성과 부성 가운데 무엇을 먼저 시작할지 정하지 못한 것으로 보인다. 우연히 논의 자리에 함께하게 된 목내선은 삼군 문으로 하여금 성을 쌓게 하자며 다시 강화도에 사람을 보내 한 번 더 살펴보도록 하자고 건의했다.

며칠 뒤 숙종은 이조판서 유명천과 어영대장 이의징을 강화도로 보냈다. 그들이 돌아와 임금에게 보고했다.

강도 구관당상 유명천이 강도에서 돌아와 입시하여 부성을 먼저 쌓기를 청하고, 호조참판 이의징이 외성을 먼저 쌓는 것만 못하다 하고, 권대운도 외성을 주장하니, 임금이 삼군문에서 요리料理하여 내년 봄까지 외성을 먼저 쌓으라고 명하였다. 우참찬 이우정이 말하기를, "지금은 팔로八路에 흉년이 들었으니, 내년 가을이 되거든 쌓아야 하겠습니다." 하였으나 임금이 들어주지 않았다.

『숙종실록』, 16년(1690) 9월 27일

유명천은 외성보다 강화부성을 먼저 쌓아야 한다고 했다. 호조참판 겸 어영대장 이의징은 외성이 먼저라고 했다. 그러자 영의정 권대운 도 외성부터 쌓자고 했다. 이에 숙종은 삼군문 그러니까 훈련도감·금 위영·어영청이 힘을 모아 이것저것 다 따져보고 헤아리며料理 외성을 쌓으라고 명했다. 다음 해인 1691년 봄까지 완성하라고 했으니 대략 6 개월의 시간을 준 것이다. 전국적으로 흉년이라 대규모 공사를 벌이기 가 어려우니 1년쯤 늦춰서 시작하자고 이우정이 건의했으나 임금은 받아들이지 않았다. 숙종의 태도는 단호했다.

숙종은 신속한 공사를 원했으나 사정은 그렇지 않았던 것 같다. 축성을 명한 것이 1690년(숙종 16) 9월 말이었지만, 다음 해 윤7월에야 본격적인 축성 작업이 시작되었다. 무탈하게 축성 공사를 마무리할 수 있도록 고유제告由祭를 지냈고 숙종의 허락을 받아 성황제도 지냈다.[32] 공사 초반 숙종은 특별히 중관中官을 강화 작업 현장에 보내 술과 여러 가지 물건들을 하사하고 성 쌓는 장수와 병사들을 격려했다.[33]

축성 공사는 연말쯤에 일단락된 것 같다. 그런데 이때의 외성에는 성의 몸체만 있고 여장이 없었다. 여장이 설치되는 것은 1692년(숙종 18)이다. 1월 28일에 김덕원이 가을쯤에 외성에 대한 여장 공사를 시행하자고 청하니 숙종은 그때까지 기다릴 필요 없이 바로 시작하는 것이 좋겠다고 했다. 여장 공사와 함께 갑곶돈대 북쪽에 있는 진해사 경내에 창고를 지어 본영의 물품들과 병조의 은자, 목면을 옮겨 보관하도록 하는 조치도 내려졌다.[34]

강화외성 공사도 돈대 쌓을 때처럼 전국적인 지원체제 아래에서 이루어졌다. 돌 나르는 운석선은 통영과 전라좌수영, 전라우수영, 충청수영에서 맡고 여장 올리는 데 쓸 석회는 경기와 황해도, 생 칡은 경기·황해·충청·강원도에서, 나무는 장산곶에서, 밥 지을 땔감은 영종도에서 공급하게 했다. "강화 전역은 모두가 민둥산이고 마니산의 나무는 뜻한 바가 있는 것이므로 가져다가 쓸 수 없으니"[35] 어쩔 수가 없었다.

그럼 『강도지』에 소개된, 구역별 축성 내용을 살펴보자.

휴암돈대에서 염주돈대까지는 금위영 군사들이 쌓았다. 1691년 윤

7월 27일에 봉점逢點해서 1692년 4월 14일에 방군放軍했다. 봉점은 동원된 병력을 점검했다는 뜻이고, 방군은 군사를 풀어 보냈다는 뜻이니 각각 공사의 시작과 끝으로 보면 될 것이다.

염주돈대에서 갑곶수문까지는 1687년에 강화유수부 본부에서 이미 쌓았다. 삼군문이 아닌 강화유수부에서 자체적으로 축성한 것이다.

갑곶수문에서 오두돈대까지 어영청에서 쌓았는데, 1691년 윤7월 27일에 시작해서 1692년 4월 29일에 끝냈다. 오두돈대에서 초지돈대까지는 훈련도감에서 쌓았는데, 1691년 윤7월 27일에 시작해서 1692년 5월 5일에 끝냈다.[36] 삼군문이 같은 날 함께 공사를 시작했으나 끝낸 날은 조금씩 다르다.

1692년 현재 외성의 규모는 휴암돈대에서 초지돈대까지였다. 애초 김덕원은 승천보에서 초지까지 쌓을 것을 말했지만, 실제로는 승천보 남쪽 휴암돈대에서 그친 것이다. 그런데 다음 해인 1693년에 강화유수부가 휴암돈대 북쪽 숙룡돈대까지 외성을 연장해서 쌓는다. 결국, 숙종 대 완성한 강화외성의 규모는 숙룡돈대에서 초지돈대까지가 되는 것이다.˙

˙ 강화외성에 대한 기록이 여럿이지만 약간씩 차이가 있다. 남쪽 끝은 초지돈대로 거의 모든 기록이 일치한다. 그런데 북쪽 끝 지점은 숙룡돈대[『강도지』(1696)], 적북돈대[『속수증보강도지』(1932)], 휴암돈대[『여지도서』(18세기 중엽)], 월곶돈대[『대동지지』(1864)] 등으로 다양하다. 외성은 쌓고 무너지고 다시 쌓는 과정이 오랜 세월 거듭되면서 규모의 변화를 겪게 된 것으로 보인다. 그렇다면 가장 범위가 넓었던 때를 기준으로 외성의 규모를 설명하는 것이 사리에 맞을 것이다. 또한 외성을 쌓던 당대와 가장 근접한 『강도지』의 기록에 무게를 둘 수밖에 없다. 이에 '숙룡돈대~초지돈대'를 조선 시대 강화외성의 규모로 파악하고자 한다.

주관	축성 구간	축성 시기	투입 인력
강화유수부	숙룡돈대 ~ 휴암돈대	1693년	
금위영	휴암돈대 ~ 염주돈대	1691년~1692년	약 4,000명
강화유수부	염주돈대 ~ 갑곶수문	1687년	
어영청	갑곶수문 ~ 오두돈대	1691년~1692년	약 3,900명
훈련도감	오두돈대 ~ 초지돈대	1691년~1692년	약 3,600명

이 내용을 표로 정리하면 위와 같다.

적북돈대에서 초지진에 이르는 거리가 약 24km라고 한다.[38] 적북돈대 바로 위가 낙성돈대이고, 낙성돈대 위가 숙룡돈대이다. 따라서 숙룡돈대부터 초지진까지 외성의 길이는 24km+α가 될 것이다. 모두 19개의 돈대를 연결한 것이 숙종 대의 강화외성이다.

숙종 이후 외성이 붕괴되는 등의 이유로 여러 차례에 걸쳐 보강 공사가 벌어진다. 일부 구역에 대한 보수는 물론이고 전체적인 개축도 이루어진다. 토성土城이었던 외성이 부분적으로 석성石城이 되고 또 벽돌로 쌓은 전성塼城으로 변화를 겪기도 한다.

1725년(영조 1) 연미정 아래 옥창돈대와 그 아래 망해돈대 사이 외성이 무너지게 되자 돌로 다시 쌓았다. 강화유수 김시혁이 주관하여 1742년(영조 18)~1744년(영조 20)에 걸쳐 외성을 개축했는데 이때는 흙도 돌도 아닌 벽돌로 성을 쌓았다. 색다른 시도였다. 효종 대 북벌의 상징 인물인 이완도 벽돌을 구워 강화외성 쌓는 방안을 구상했다.[39]

완공된 전성은 장관이었을 것이나 오래지 않아 전성이 붕괴되는 구

강화전성

복원 전 전성의 모습이다. 강화도 동쪽 해안도로, 갑곶돈대와 광성보 구간 사이에 오두돈대가 있는데 오두돈대 남쪽 아래 갯가에서 전성을 볼 수 있다.

역이 생기기 시작했고, 그럴 때마다 석성으로 다시 고쳐 쌓아야 했다.

전성의 잦은 붕괴로 사람들은 석성이 제일이라는 생각을 했다. 그런데 실학자 박제가는 『북학의』(1778)에서 "어떤 사람은, 벽돌은 돌보다 단단하지 못하다고 말한다. 그러나 나는 대답할 수 있다. 돌 하나가 벽돌 하나보다 단단할지는 모르지만, 여러 개를 쌓았을 때는 벽돌이 돌보다 단단하다."[40]며 전성의 우수성을 여전히 강조했다.

또한 강화 전성의 붕괴에 대해서는 "어떤 사람은 강화에 있는 벽돌성은 자주 무너져서 쓸모가 없다고 한다. 그 때문에 벽돌성을 쌓자고 처음 제안한 사람에게 그 잘못을 돌리고 있다. 그러나 그것은 쌓은 방법이 잘못된 것이지 벽돌의 잘못이 아니다."[41]라고 하였다.

몽골침략기에 쌓은 고려 외성과 조선 숙종 대에 쌓은 외성의 위치는 겹치는 지역도 있지만, 다르다. 지금 갑곶돈대에서 초지진으로 이어진 해안도로와 그 주변에서 확인하게 되는 외성은 조선 시대의 것이다. 고려 시대의 외성은 지금의 외성에서 내륙 쪽, 서쪽으로 들어와 있었다.

고려 시대에 외성을 쌓은 것은 1233~1237년 대몽항쟁 초기 때이다. 구불구불한 동쪽 해안을 간척해서 지금의 모습과 비슷하게 만든 것은 1256년(고종 43)의 일이다. 외성 쌓고 대략 20년 뒤에 바다를 막

고려의 문화재가 된 조선의 문화재

고려 대몽항쟁기 수도였던 강화도의 역사성은 매우 중요하다. 그런데 그 시대와 직결되는 문화재가 별로 없다. 시기적으로 오래되기도 했고, 또 몽골에 의해 파괴되기도 해서 고려의 흔적 찾기가 쉽지 않다. 그래서인지 조선의 문화재로 설명돼야 자연스러울 것들이 고려의 것으로 분류되고는 한다. 문화재청 홈페이지 문화유산정보를 보면 강화외성이 고려의 것으로 나온다. 조선의 성곽인 강화산성을 '강화읍을 에워싸고 있는 고려 시대의 산성이다.'라고 설명한다. 또한 '고려궁지'라는 호칭도 어색하다. 고려 궁궐터라는 의미인데, 터 안에 조선의 건물들만 여럿 있다. 지금의 외규장각, 명위헌, 이방청, 강화부종각 모두 고려와는 무관한 것들이다.

아 농토로 만든 것이다. 조선 시대에도 간척은 이어졌다. 따라서 조선 후기에 해안가에 쌓은 성은 당시까지 간척이 이루어진 땅 끝 해안에 있다고 보는 것이 옳다. 고려 외성과 구분해서 파악할 필요가 있다.

숙종,

강화를

품다

강화에 뿌리 내린
탱자나무

갑곶돈대 안에는 커다란 탱자나무가 있다. 강화는 우리나라에서 탱자나무가 자랄 수 있는 북쪽 한계선이라고 한다. 그래서 천연기념물 제78호로 지정되었다. 따뜻한 남녘 마을에서 자라야 할 탱자가 강화까지 올라와 뿌리 내린 사연이 있다.

1749년(영조 25) 강화유수 원경하는 남쪽 지방 각 읍으로 하여금 탱자를 강화로 보내게 해달라고 왕세자에게 청했다. 당시는 왕세자(사도세자)가 영조 대신 왕 업무를 보는 대리청정을 할 때였다. 원경하는 탱자나무를 해안가에 심어 가시울타리를 만들어서 외적의 상륙을 막겠다고 하였고 사도세자는 그리 시행하라고 하였다.[42]

사흘 뒤 사도세자는 강화에 탱자나무 심는 일에 정성을 다할 것을 다시 명했고,[43] 석 달쯤 뒤에는 강화도로 보내는 탱자의 양이 너무 적다며, 성의 없는 양남兩南의 수령들을 압박했다.[44] 그만큼 강화도 탱자나무 울타리 조성 사업에 열정을 보였다. 사도세자의 아들 정조 때에는 강화도 해안에 해마다 탱자나무 심는 것을 규정으로 정하기도 했다.[45]

굵고 날카로운 가시가 가득한 탱자나무는 강화를 지키는 또 하나의 외성이었던 셈이다. 그런데 기후적인 여건 등으로 생육이 시원치 않았을 것 같다. 살아남은 탱자나무들도 시대상황과 환경의 변화에 따라 대개 제거되었을 것이다. 적을 막는 데는 도움이 되나 주민들 생활에는 불편할 수밖에 없었기 때문이다.

그래도 갖은 풍파 다 견뎌내고 이제는 존재 자체가 역사가 된 '강화 갑곶리 탱자나무', 아마도 그때 그 시절에 그러한 사연으로 심어졌을 것이다.

한편 화도면 사기리 이건창 생가 앞에도 천연기념물 제79호로 지정된 탱자나무가 있다.

강화 갑곶리 탱자나무

강화부성을 세우다

숙종의 강력한 의지로 강화부성^{江華府城}(강화산성)이 축성되었다. 강화부성은 읍내에서 성과 문루를 쉽게 만날 수 있어서 강화도 성곽의 상징이자 얼굴로 인식되고 있다. 그런데 강화부성의 다양한 이름들부터 살펴볼 필요가 있다. 강화부성은 강화산성, 강화읍성, 강화내성, 강화유수부성 등으로 불리는데 이 가운데 공식적인 명칭은 사적 제132호, 강화산성^{江華山城}이다.

강화산성이라는 명칭이 『승정원일기』에 보이기는 하지만, 아무리 생각해 봐도 어울리지 않는다. 산성은 산 위에 존재하고 피난 시설이기 때문에 평시에는 사람이 살지 않는 것이 보통이다. 전등사가 안에 있는 정족산성처럼 말이다. 성곽이 남산, 북산, 견자산으로 이어졌다고 해서 산성이라는 이름을 붙인 것 같은데 산성으로 부르기에는 어색한 부분이 많다.

지방 고을의 행정 중심지를 둘러싼 성을 읍성이라고 부르니, 강화읍성^{江華邑城}이라고 해서 안 될 것은 없다. 공교롭게 지금의 강화 읍내를 둘러쌓고 있으니 그럴듯하다. 그래도 역시 적합한 명칭은 아니다. 대개 읍성 안에는 관아와 군사 시설이 들어서고 주민들은 성 밖에 산다. 강화도는 성안에 주민들이 살았다. 『세종실록』에 강화읍성이라는 이름이 보이는데, 규모가 작았던 그때의 성은 읍성이라고 할 수 있지만 숙종 대에 쌓은 지금의 성을 읍성으로 부르는 것은 자연스럽지 않다.

『승정원일기』, 『비변사등록』 등에서 강화내성江華內城이라는 이름을 찾을 수 있다. 외곽 해안가에 강화외성이 있으니 대비되는 강화내성도 어울린다. 그런데 강화내성이라는 호칭은 고려 시대 대몽항쟁기에 쌓은 내성을 연상시킨다. 그래서 강화부성이 고려 시대 내성을 개축한 것이라고 지레짐작하게 한다. 실제로 여러 자료들 가운데 상당수가 강화부성을 고려 시대의 것으로 설명하고 있다. 그러나 강화부성은 고려 시대 내성과 관련이 없다. 오롯이 조선 시대 숙종 대에 새로 쌓은 성곽이므로 강화내성이라는 이름은 적절하지 않다.

역사성과 공간 구성 그리고 기능적인 면에서 제일 적합한 명칭은 강화유수부성江華留守府城이다. '강화유수부 동헌', '강화유수부 이방청'을 공식적인 명칭으로 쓰면서 '강화유수부성'을 쓰지 못할 이유가 없다. '강화유수부성'을 부르기 좋게 줄이면 강화부성江華府城이 된다. 강화부성이라는 호칭 역시 『숙종실록』 등에서 찾을 수 있다.

최윤덕과 신상이 강화에서 돌아와서 아뢰기를, "이번에 강화읍성의 이전할 곳을 살펴보니, 전일에 골라잡은 옛 궁궐터가 배지평보다 더 좋습니다. 신 등이 이미 척량하여 푯말을 세워 놓았습니다. 청컨대, 하삼도의 축성 예에 의하여 도내의 각 고을로 하여금 나누어 맡아서

축조하게 하소서. …… 하니, 병조에 내려 주어 결정하게 하였다. 본
조에서 아뢰기를, "내년 가을을 기다려서 (최윤덕·신상의) 아뢴 의견
에 따라 시행하게 하소서." 하니, 그대로 따랐다.

『세종실록』, 14년(1432) 3월 17일

조선 세종 때 최윤덕 장군이 강화에 와서 읍성 옮길 자리를 보고 갔
는데 배지평보다는 옛 궁궐터 그러니까 지금의 고려궁지 쪽이 더 좋다
고 했다. 읍성을 옮긴다는 것은 치소治所도 같이 옮긴다는 의미이다. 세
종은 내년 가을 그러니까 1433년(세종 15)에 관부官府를 고려궁터로 옮
기고 읍성을 쌓으라고 했다.

몇 년 전부터 조정에서는 강화의 치소 옮기는 문제가 논의되고 있었
다. 신하들이 세종의 명을 받고 몇 번이나 강화에 와서 터를 물색하곤
했다. 배지평과 옛 궁궐터를 놓고 의견이 갈렸으나 최종적으로 옛 궁
궐터가 새로운 치소로 결정된 것이다. 이때 쌓은 강화읍성 즉 강화도
호부성은 지금의 강화부성보다 규모가 훨씬 작았다. 고려 시대 내성의
범위와 크게 다르지 않았을 것이다.

강화도의 치소가 원래부터 고려궁지 지역이 아니었다는 말이다. 그
럼 그전에는 어디였을까? 행정구역상 강화군 내가면 고천리 지역이었
던 것 같다. 강화읍에서 고려산과 혈구산 사이 고갯길을 넘어가면서
오른쪽으로 펼쳐진 '고비 마을'이 그곳이다.

고비라는 지명은 고읍古邑에서 유래한 것으로 보인다. 『세종실록지
리지』 강화도호부 편에 "지금의 부府 동쪽 10리 되는 송악리에 옛날의

1876년 당시의 강화부성

앞쪽의 큰 산이 남산, 가운데 작은 산이 견자산, 왼쪽에 일부 보이는 산이 북산이다. 숙종 대 강화부성 축성 초기에 남산과 견자산에 □형 돈대를 쌓아 기존의 북산 아래 부성과 함께 품品 자형의 수비 체제 구축을 추진했다.

궁터가 있다."라는 기록이 있다. 고비 마을의 동쪽 10리쯤 되는 곳에 고려궁터가 있는데 이에 근거하여 강화도호부의 치소가 고려궁터 서쪽 10리 되는 고비 마을에 있었음을 짐작할 수 있다. 이를 통해 고려 후기 무렵부터 조선 초기까지 내가면 고천리에 있던 강화의 치소가 세종 대에 지금의 강화읍 관청리 고려궁지 지역으로 옮겨온 것으로 정리할 수 있을 것이다.

세종 대에 쌓은 강화도호부성은 둘레가 2km정도였다고 한다.[46] 이후 보수, 정비를 겪으며 유지되다가 병자호란 때 심하게 망가졌다. 동문, 서문, 남문도 불탔다. 숙종 초인 1677년(숙종 3)에 유수 허질이 개축하여 성 앞면을 돌로 쌓았고 뒷면은 흙으로 쌓았다.[47] 세 문루도 다시 세웠다. 그런데 규모가 너무 작아 "성 안이 몹시 비좁고 인가가 지극히 좁으며 모두 띠로 지붕을 덮고 창고를 연접해"[48] 놓은 상태였다. 화재 위험이 컸고 실제로 불이나 피해를 입기도 했다. 이 성이 크게 확대된 것이 바로 강화부성이다.

그럼 강화부성 축성으로 들어가 보자. 숙종 후반기에 가서야 쌓게 되지만 그 논의는 다른 공사와 마찬가지로 일찍부터 있었다. 1682년(숙종 8)·강화유수 조사석이 축성의 필요성을 역설한 것이 한 예이다.[49]

필요성이 강조되면서도 나라 살림은 어렵고 백성들은 힘겨운 데 대규모 공사를 벌이기가 쉽지 않아 자꾸만 미뤄졌다. 왕과 신하들이 머리를 맞대도 결론이 나지 않았다. 돈대를 쌓고 외성을 쌓았으니 이제 부성을 완공해야 보장처가 완비되는 것인데, 실행이 되지 않았다. 특히 규모와 방법에서 남산까지 포함하는 대규모 성으로 할 것인지, 남산을 제외하고 북산 중심으로만 쌓을 것인지 의견이 분분했다. 하나의 성으로 크게 돌 것이 아니라 돈대 형태의 작은 산성을 남산과 견자산에 각각 쌓아 부성과 서로 조응하는 '품品' 자 모양으로 하는 방안도 논의되었다.

축성 공사가 '품品' 자 모양으로 시작되었으나 다시 강화유수로 부임한 민진원이 남산까지 포함하는 하나의 성을 쌓아야 한다고 주장했다. 결국 임금이 마음을 바꾸었는데 그 사연은 대략 이러하다.

남산을 포함하는 강화부성 축성에 찬성하는 이는 거의 없었다. 1710

년(숙종 36) 6월 29일, 조정에서 이 문제가 다시 논의되었는데 영의정, 우의정, 병조판서 등이 모두 반대하였다. 그들은 남산을 제외한 작은 부성을 쌓고 견자산과 남산에는 돈대를 쌓자는 기존의 결정을 밀어붙였다. 숙종도 그들을 지지했다. 민진원은 물러설 수밖에 없었다.[50]

하지만 민진원은 두 달 만에 결국 자기 뜻을 관철했다. 아무리 생각해봐도 품品자 모양의 성으로는 외적의 침략을 막을 수 없다고 여겼던 것이다. 반대하던 신하들을 개별적으로 접촉해서 설득하고 1710년(숙종 36) 8월 24일, 다시 조정에 들어 임금에게 아뢰었다. '강화부성에 남산을 포함해야 한다. 돈대는 아니다.'라고 임금을 설득했다.

그는 숙종에게 '남산을 포함하지 않고 부성을 쌓았을 때, 적이 남산에 올라 부성을 내려다보며 포를 쏘면 어찌할 것인가? 부성이 무너질 것이다. 견자산에는 샘이 없는데, 그곳에 돈대를 쌓아 지키다가 적에게 포위되면 어찌 되는가? 물이 없어 버틸 수가 없을 것이다. 적이 부성을 치기 전에 남산 돈대와 견자산 돈대부터 점령해 버리면 어떡할 것인가? 적에게 도움만 주는 돈대가 되는 것이다.'라고 설득하였고, 그의 열정과 분석이 임금과 신하들의 마음을 움직였다. 숙종은 물력이 부족하여 어쩔 수 없이 돈대를 쌓자고 했던 것인데 민진원의 말을 듣고 '그대의 말이 다 옳다. 계획이 타당하고 생각이 장원長遠하다. 그리고 민진원의 뜻대로 남산을 포함한 강화부성을 쌓으라.'고 다시 명했다. 지금의 강화부성은 강화유수 민진원의 신념과 의지가 어우러진 결과였다.[51]

민진원은 강화도 전문가였기 때문에 강화도 업무를 맡은 예조판서

남산 강화부성

강화부성은 남산에서 동쪽 견자산을 지나 북산으로 이어지는 석성이다. 남산에 남장대가 있다.

가 혼자서 일하기 벅차다고 하자 숙종은 "예판이 강도를 구관하는 소임을 맡고 있으나 큰일을 독당獨當하기가 어렵다고 한다면 민진원과 함께 상의하는 것이 좋겠다."[52]라는 지시를 내렸다. 당시 민진원은 공조참판이었다.

영의정 최석정이 아뢰기를 …… "강도에 내성을 쌓기로 이미 결정을 보았으나 한번 쌓은 뒤에는 다시 쌓지 못할 것인 만큼 반드시 그 형세를 살피고 편부를 헤아려서 진행해야만 튼튼하게 쌓아지는 것인데 이는 맡겨서 시킬 사람을 얻기에 달렸다 하겠습니다. 도성으로 말하더라도 옛사람이 쌓은 것은 내면의 견고함이 외면보다 더하는데 이는 대체로 기초가 튼튼하도록 주력하였기 때문입니다. 말세의 일은 안에는 소홀하게 하고 밖에만 잘 꾸미려 해서 쉽게 무너지고 물력을 헛되이 버리게 되니 참으로 몹시 안타까운 일입니다. 무릇 축성은 모름지기 견고해야만 지킬 수 있는 처소가 되는 것이니 3군문으로 하여금 축성의 일에 익숙한 사람을 가리게 하여 그들로 하여금 감독하게 하는 것이 좋을 듯합니다." 하니, 임금이 그렇게 하라고 하였다.

『비변사등록』, 숙종 34년(1708) 12월 6일

영의정 최석정은 강화부성이 겉만 번드르르해서는 안 된다며 내실 있고 견고한 성을 쌓아야 한다는, 기본적이지만 중요한 문제를 짚었다. 같은 자리에서 강화유수 박권은 성 쌓을 터 가까이 백성의 무덤이 많아 옮길 수밖에 없는데 그 가족들에게 보상을 해주는 것이 좋겠다고 건의하고, 임금이 그대로 따랐다.

민생의 어려움을 들어 축성에 부정적인 신하들도 있었다. 행이조판서 조상우는 "지금 국력은 탕진하였고 농사도 거듭 흉년이 되었습니다. 강도의 내성을 쌓는 일은 사세부득이한 데서 나온 일이겠으나 물력을 헤아려서 3~4년 늦추어 기한을 정하고 천천히 튼튼하게 쌓을 일이지 단시일 내에 완공을 서두를 일은 못되옵니다."라며 공사의 연기를 요청했다.

그러나 숙종은 "지금 도성은 둘레가 넓고 커서 비록 팔도의 백성을

북산 강화부성
북문 진송루로 이어지는 성이다. 북한 땅을 조망하기 좋은 곳이다.

다 동원한다 하더라도 한, 두 달 사이에 수축할 수 있는 처지가 못 되고, 남한산성은 지형이 외따로 떨어져 있어 오래 지킬 수 있는 곳이 못 되며, 강도는 비록 천참天塹이 있다 하나 내성을 아직 완비하지 못하고 있었기 때문에 강도에 내성을 쌓고 반드시 후일에 의지할 수 있는 곳으로 삼으려 한 것이니 물력을 주선하여 속히 완축할 일이지 시일을 끌어 오래 걸리게 할 수는 없는 일이다."라며 신속한 시행을 명하였다.

축성 공사는 1709년(숙종 35)부터 시작되었다. 공사 중이던 1710년 4월 29일, 민진원이 다시 강화유수로 부임하면서 설계 변경이 이뤄졌다. 남산과 견자산에 돈대형의 산성을 따로따로 쌓는 방법을 버리고 하나의 큰 성으로 둘러쌓는 방법이 도입되었다. 현재의 모습대로 된 것이다.

『속수증보강도지』에 의하면, 강화부성이 완공된 것은 1711년(숙종 37)이다. 『비변사등록』1711년 4월 28일 기록, "비망기를 내리기를, '강도에 성을 쌓을 때의 전후 유수의 상전賞典을 묘당으로 하여금 등대하였을 때에 품처하게 하라.' 하였다."라는 기록도 1711년 완공을 말하는 것으로 읽힌다. 성 쌓느라 애쓴 유수들의 노고를 치하하는 기록이기 때문이다.

그런데 완공시기를 1710년으로 보게 할 소지가 있는 기록도 짚어 볼 필요가 있다. 같은 『비변사등록』1710년 12월 3일 기록에 민진원이 숙종에게 보고하는 내용이 나오는데 여기서 민진원은 "또 내성을 이미 쌓았으니 마땅히 파수군졸이 있어야 합니다."라고 말했다. 1710년 12월 3일 이전에 축성이 완료되었다고 해석할 수 있다. 하지만, 이는 몇 개월 전 민진원의 다음과 같은 보고 내용과 모순된다.

"지금 이 성을 쌓는 역사는 오는 가을에 돌을 뜨고 금년 겨울에 돌을 운반하여 명년 봄에 쌓아야 하나 주위가 꽤 커서 내년 봄에 역사를 마치기 어려운 형편입니다. 또 내년 가을에 돌을 뜨고 명년 겨울에 돌을 운반하여 재명년 봄에야 역을 마칠 수 있습니다. 여러 해 지연되니 매우 황공하오나 속히 이루려 한다면 역사가 완고하지 못하므로 감히 아룁니다." 하니, 임금이 이르기를 "만약 인하여 정지하면

강화부성 서문

강화부성 동문

동문 망한루이다. 2003년에 복원되었다.

염려가 되나 연속 역사를 하여 완전히 마치도록 기약한다면 비록 2년

을 지연시키더라도 무어 해로울 것이 있겠는가?" 하였다.

『비변사등록』, 숙종 36년(1710) 8월 27일

1710년 8월 27일에 민진원은 그해 가을에 돌을 떠 겨울에 운반하고 다음 해 봄에 쌓을 것임을 말했다. 공사가 끝나지 않으면 다시 1711년 가을에 돌을 뜨고 겨울에 운반해서 재명년 그러니까 1712년 봄에야 끝낼 수도 있다고 임금에게 양해를 구했다. 숙종은 괜찮다고 했다.

아마도 공사는 민진원의 걱정과 달리 1711년 봄에 끝난 것 같다. 따라서 "내성內城을 이미 쌓았다."는 『비변사등록』 1710년(숙종 36) 12월 3일 기록에는 뭔가 착오가 있는 것이 아닐까 싶다. 강화부성의 축성 기간은 1709년~1711년으로 보는 것이 이치에 맞을 것이다. 강화부성의 둘레는 7,122m다.[53]

강화 읍내 어디에서나 남산이 보인다. 그곳에도 부성이 가지런하게 열려 있다. 남산 꼭대기에 정자처럼 보이는 건물이 있는데, 관측소이자 군사 지휘소로 쓰이던 남장대南將臺이다. 원래는 돌로 쌓은 대臺만 있었는데, 1769년(영조 45)에 유수 황경원이 각閣을 짓고 장인대丈人臺라고 했다. 장인대가 곧 남장대로 2010년에 복원되었다.

북산 꼭대기에는 북장대北將臺가 있었다. 남장대와 달리 정조 당시까지도 돌로 쌓은 대臺만 있었다. 강화부성 서문 안에는 서장대西將臺가 있었다. 병사들을 훈련시키고 격려하는 곳으로 쓰였다고 한다.[54] 높은 곳에 자리 잡은 남장대·북장대와는 기능이 달랐던 셈이다.

석수문

강화부성에 설치됐던 수문 두 개 가운데 하나로 상수문上水門이다. 하수문은 지금 존재하지 않는다.

강화부성에는 수문도 두 개 있었는데 상수문인 '강화 석수문'이 서문 옆에 복원되었다. 지금 강화 읍내를 동에서 서로 관통하는 강화대로는 동락천이라는 개울이었다. 개울을 복개하여 도로로 쓰고 있는 것이다. 고려산으로부터 상수문으로 흘러든 물이 동락천을 따라 흘러 하수문을 열고 나가 바다로 드는 구조였다.

진·보를 정비하고, 돈대를 만들고, 더해서 외성까지 쌓았지만, 숙종은 아직도 강화도가 미덥지 않았다.[55] 차라리 한양 도성을 수축하는 것이 낫다는 생각을 하기도 했다. 영조의 도성사수론까지는 아니더라도, 위급 상황 때 한양을 비우는 문제에 대해 그것이 최선인지 다시 생각하기 시작했다. 재위 후반기로 오면서 생긴 변화였다.

이러한 때 강화부성의 완공은 숙종으로 하여금 강화도에 대한 믿음을 굳히는 계기가 되었을 것이다. 재위 초 10대 때부터 추진해왔던 강화도 수비시설 구축이 오십 넘어서야 완비되어 남다른 감회를 맛보기도 했을 것이다.

4대문 가운데 동문이 2003년에 복원되면서 모든 성문을 갖췄다. 동문은 강화도조약이 체결될 당시 화재로 문루가 다 타는 사고를 겪기도 했었다.[56] 각 문루의 이름은 동문-망한루望漢樓, 서문-첨화루瞻華樓, 남문-안파루晏波樓, 북문-진송루鎭松樓이다. 북문에는 누각이 없었는데 1783년(정조 7) 강화유수 김노진이 누각을 올려 온전한 형태를 갖췄다.

존경받는
강화유수 민진원

민진원閔鎭遠(1664~1736)은 숙종 대 강화도와 밀접한 관련이 있는
인물이다. 1705년(숙종 31)부터 1707년까지 강화유수를 했고 1710
년(숙종 36)부터 1711년까지 또 강화유수를 지냈다. 중앙정세에
서 활동할 때도 강화도의 국방문제 등에 직간접적으로 관여하면서
인연의 끈을 이어갔다. 그의 아버지 민유중은 강화도의 사정을 상
세히 알고 있는[57] 강화도 전문가였고, 그의 형 민진후도 강화유수
를 지냈다. 민진원은 아버지 민유중과 어머니 송씨의 둘째 아들로
1664년(현종 5)에 태어났다. 여동생은 숙종의 계비 인현왕후이다.
민진원의 집안(여흥 민씨)은 조선 후기를 대표하는 권세 가문이다.
어머니 쪽도 송시열 등을 배출한 은진 송씨 집안으로 아버지 민유
중은 송시열과 송준길 문하에서 수학했다.

　민진원은 큰아버지를 스승으로 모시고 공부했다. 큰아버지는 민
정중인데, 송시열의 문인이다. 민진원은 자연스럽게 송시열의 학문
을 익히는 인사들과 교분을 쌓아가면서 정치적·학문적 연대를 형
성[58]하게 되었다. 그의 자字가 성유聖猷인데, 송시열의 제자 이단하
가 지어준 것이다. 집안 내력과 학문적 성향을 바탕으로 민진원은
서인 노론계의 중심이 되어갔다. 강화유수직을 마치고 예조참판,
공조참판, 형조참판을 지내다가 1710년에 다시 강화유수로 부임하

여 다음 해에 강화행궁을 짓고 강화부성을 완
공했다. 백성의 구휼문제와 민생안정에 각별
한 관심을 두었고, 국방 대책 수립에도 적극적
이었다.

민진원이 강화유수로 있을 때의 재미있는
일화도 전한다. 강화의 고려산에 물을 마시면
체력이 아주 강해진다는 신성한 우물이 있었
다. 중국 사람이 이를 시기해 우물에 쇠말뚝을
박자 우물은 말라버렸고, 그래서 강화에서 장
사壯士가 나오지 않게 되었다. 이를 들은 유수

민진원 불망비
강화부성 남문 안에 있다.

민진원이 직접 고려산에 올라 샘을 다시 파게
하자 분수처럼 물이 콸콸 나왔다[59]고 한다.

두 번에 걸친 강화유수직을 마친 이후, 형조판서, 예조판서, 공조
판서, 호조판서, 이조판서, 우의정, 좌의정 등을 역임했다. 1719년
(숙종 45)에는 강화江華 구관당상句管堂上이 되었다. 1736년(영조 12)
에 사망했다. 지금 강화도에서 민진원 불망비가 서 있는 곳은 강화
부성 남문 안(1713), 화도면 사기리 선두포비석군(1735), 화도면 상
방리 비석군(1735)이다.

문수산에 문수산성

문수산(376m)은 김포 땅에 있다. 고려 때는 통진산으로 불렸다. 초입에 걷기 편한 산림욕장이 있고 꼭대기에서 보는 전망이 훌륭하다. 특히 강화 땅이 훤히 내려다보이는데 이것이 문수산성을 쌓은 이유이다. 고려 시대에 몽골군은 문수산에 올라 강화 땅을 바라보며 강화도 정부의 빈틈을 찾으려고 했다. 병자호란 때는 청나라 장수가 문수산에 올라 강화도 침공을 지휘했다.

문수산에 성을 쌓은 것은 강화도를 지키기 위해서였다. 문수산을 적에게 빼앗기면 강화도도 위험에 빠질 수밖에 없었다. 또 위급한 상황에서 임금 일행이 강화도로 들어가야 할 경우, 물때를 기다려 배를 탈수 있을 때까지 안전하게 머물 공간으로도 문수산성이 필요했다.

문수산성은 1694년 완공되었다. 숙종 즉위 20년째 되는 해이다. 그런데 문수산에 성을 쌓는 논의는 숙종 즉위 초부터 있었다. 영의정 허적이 강화를 돌아보고 온 후 강화도의 형세에 대해 임금에게 고하면서, "통진의 문수산은 강도를 위에서 내려다보고 있는데, 병자년에 적이 문수산에 쳐들어와서 장선을 끌고 내려왔는데도 우리 군사들은 이

문수산성에서 내려다본 강화도
왼쪽 다리는 1970년에 개통된 구 강화대교이다. 오른쪽 다리가 신 강화대교로 1997년부터 뭍과 섬을 이어주고 있다.

를 알지 못하였기에 전쟁에 졌습니다. 만약 조그마한 성을 문수산에 쌓아서 웅거하여 지킨다면 적이 오고 가는 것을 피리를 불고, 기를 휘둘러 통지할 수가 있습니다."[60]라며 성 쌓을 것을 청했다.

1678년(숙종 4) 병조판서 김석주는 "문수산에 올라가 강화도를 내려다보니 마치 의자에 앉아 바둑판을 보는 것과 같았습니다."라며 문수산성의 필요성을 제기했다. 문수산을 적들이 장악하게 되면 강화 사람들은 두려워서 밥을 목구멍으로 넘기지도 못할 것이라는 허풍 같은 발언을 더하였다. 다만, 벌여놓은 일들이 많아 당장 시행하기 어려우니 몇 년 기다리며 준비했다가 축성하는 것이 좋겠다고 건의했다.[61] 이때 는 강화도에 돈대를 쌓는 것이 급했다.

1682년(숙종 8년)에는 강화유수 조사석이 문수산성 축성을 청했다. 이후에도 축성 논의가 계속된다. 1685년(숙종11) 드디어 숙종은 산성 을 쌓으라고 명령했다. 그리고 공사가 시작된 것은 축성이 결정되고 거의 10년이 지난 뒤였다.

> 목창명이 아뢰기를 …… "문수산성을 쌓을 때에 군병들의 밥을 지을 나무가 매우 많이 들 터이나 성 안의 나무는 오래 길러야 하니 작벌 할 수 없습니다. 창릉과 경릉 경내의 충상목蟲傷木을 일찍이 강도에 성 을 쌓을 때에 베어다 썼는데 지금도 남은 것이 있다 합니다. 금위영 에서 미리 공사장에 실어다 두어 밥을 짓는데 보태게 하는 것이 어떻 겠습니까?" 하니, 임금이 이르기를 "창릉·경릉 경내의 충상목을 진 달한 대로 베어다 쓰는 것이 좋겠다." 하였다.
>
> 『비변사등록』, 숙종 19년(1693) 10월 17일

1693년(숙종 19) 10월에 문수산성 쌓을 준비가 이루어지고 있었다. 병사들의 밥 지을 땔감으로 벌레 먹은 나무를 구하고 있는 것으로 보 아 넓은 의미의 공사가 시작된 것이다. 다음 해 1월 6일의 실록 기록 을 살펴보자.

문수산성

강화도 방어를 목적으로 숙종 대에 쌓은 산성으로 둘레가 6km정도 된다. 정상 깊은 곳에 문수사가 있다.

박정이 다시 아뢰기를, "지금 문수산에 성을 쌓고 있는 일은 이해^{利害}를 가지고 말한다면 만전^{萬全}함이 아닌 듯합니다." 하니, 임금이 말하기를, "문수산은 형세상으로 보아 성을 축조하지 않을 수 없어서 공사하기로 단정한 것이다. 문수산은 강도를 내려다보고 있으니, 적이 만일 먼저 점거한다면 강도는 반드시 지키기가 어렵게 될 것이다. 지금 이미 공사를 시작하였으니, 중간에 그만둘 수 없는 일이다." 하였다.

박정이 축성을 반대하자 숙종은 이미 공사가 시작되어 중간에 멈출 수 없다고 했다. 그러나 이때에도 산에 돌을 쌓는 본격적인 공사는 시작되지 않은 것 같다. 한 달여 뒤인 1694년 2월 22일의 실록 기록에는 "이때 장차 문수산성을 쌓으려고 하니 …… 목창명이 농사짓는 일에 손상이 있음을 근심하여, 가을을 기다려 시작해 쌓기를 청하니, 임금이 그대로 따랐다."는 내용이 나온다.

그해 7월 23일 실록에 문수산성을 쌓겠다는 남구만의 보고가 실려 있다. 숙종은 금위영 대장 윤지선을 책임자로 임명했다. 드디어 본격적인 축성 작업이 시작되었고 비교적 빠르게 공사가 진행되었다. 축성이 완료된 것은 1694년(숙종 20년) 9월이다.[62] 숙종은 문수산성이 완공된 것을 기려 통진현을 통진부로 승격시켰다.

문수산성 완공 후 숙종은 인근 통진 지역 주민들을 성 안으로 옮겨 살게 하려고 했다. 명령까지 내렸다. 산성 안에는 통상 사람들이 살지 않는 법이니, 특별한 명령을 내린 셈이다. 아마도 그게 문수산성을 지키는 데 효율적이라고 여긴 것 같다.

그런데 강화유수가 산성 안을 두루 돌아보고 와서 주민들이 살기에 적절하지 않다고 반대 의견을 냈다. 영의정도 백성의 불편함을 들어 반대했다. 그러자 숙종은 "형세가 그러하다면 정세를 관망하여 하는 것이 좋겠다."[63]며 신하들의 뜻에 따랐다.

1728년(영조 4)에 문수산성 개축이 있었다. 1812년(순조 12)에는 강화유수 홍의호가 문수산성 남문의 문루를 고쳐 세웠다.[64] 그런데 1866년(고종 3) 병인양요 때 프랑스군에 의해 심각하게 파손되었다. 조선 조정이 복구 작업을 펼쳤는데, 그게 부실공사였던 모양이다.

전교하기를, "방금 경기 감사의 장계를 보니 문수산성이 모두 내려앉았다고 한다. 새로 쌓은 성첩[여장]이 몇 달도 되지 않아서 갑자기 전부 내려앉았다니, 공력을 다 들이지 않고 그저 겉만 번지르르하게 꾸몄다는 것을 알 수 있다. …… 당해 부사의 죄상은 용서하기가 어려우니 멀리 유배 보내는 법률을 시행하고, 감독을 맡았던 사람들은 경기 감영으로 하여금 경중을 분별하여 엄히 다스리게 하라. 성첩의 수축은 한시가 급한 일이니, 통진부사의 후임에 울진현령 백낙선을 특별히 제수해서 당장 내려보내 전적으로 책임을 지고 거행해서 정해진 기한 내에 완공하게끔 하라." 하였다.

『승정원일기』, 고종 4년(1867) 7월 4일

고종은 현실적으로 말해서, 흥선대원군은 문수산성 보수공사를 부실하게 한 책임을 물어 통진부사를 귀양 보내고 그 자리에 울진현령을 불러올려 제대로 축성할 것을 명하고 있다. 그렇게 다시 세워졌지만 온전하지 않았다. 그래도 산을 오르는 능선 따라 산성의 면모를 확인할 수 있다.

산성 둘레는 6km 정도 되는데, 서쪽 해안가로 문루가 3개 있었다. 복원된 것은 남문루와 북문루이다. 강화대교 입구에 있는 것이 남문루이고 문수산 산림욕장 입구를 지나 오른쪽 길 옆에 있는 것이 북문루이다. 남문루와 북문루를 산성이 잇고 있었고 그 중간쯤에 공해루控海樓가 있었다. 공해루는 강화도의 갑곶과 연결되는 관문이었다.

영조에게 강화유수가 상소한 내용 가운데 '13진보鎭堡'라는 표현이 나

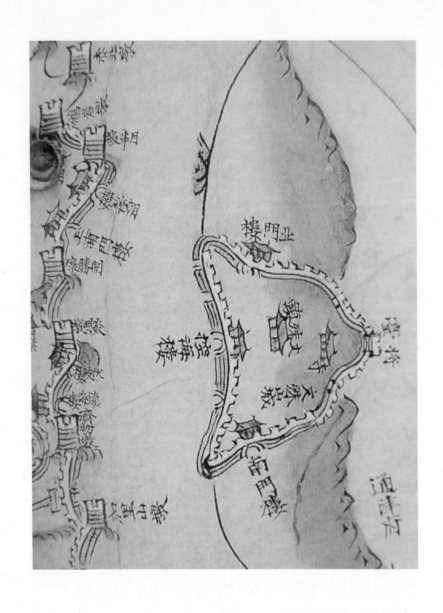

문수산성 옛지도

여지도서 강화지도(1760)

온다.[65] 앞에서 강화도의 12진·보에 대해 말했는데 기록에서 13진·보라고 하였다. 하나가 더 있다는 말이다. 그 하나는 문수진(문수산성진)으로 지금은 김포 땅에 있지만 당시에는 문수산성이 강화에 속했다.

강화유수 조태로가 아뢰기를, …… 문수산성이 통진으로 가는 요해지에 있어 그 위에 올라가면 강도의 형세가 환하게 보이지 않는 것이 없으므로, 같이 지키면서 기세를 합친 다음에야 힘을 얻을 수 있습니다. 그런데 지금 총융사에 소속되었으니 강도에 대해서는 실로 서로 의지할 길이 없어졌습니다. 또한 군정軍情을 들어 보건대, 모두 강도에 소속되기를 바란다고 하니, 하문하여 처결하는 것이 좋을 듯합니다." 하고, (영의정)이유도 또한, 이속시키는 것이 편리할 것이라고 하니, 임금이 이속시키도록 명하였다.   『숙종실록』, 38년(1712) 11월 5일

1712년(숙종 38)에 강화유수가 문수산성의 효율적 관리를 위해 강화도로 소속을 옮겨달라고 요청했고, 영의정이 찬성하니 숙종이 그리하도록 명령한 것이다. 이미 문수산성이 완공된 해인 1694년(숙종 20)에 문수진(문수산성진)이 설치되어 있었다.[66]

또한 김정호는 『대동여지도(1861)』에서 각 군현의 강역을 점선으로 표시했는데, 문수산성을 강화부 소속으로 표기했다. 『연려실기술』에도 강화도에 속한 진과 보가 13개라고 나온다.[67]

6

강화도에 색을 입히다

肅宗

장녕전을 창건하다

장녕전長寧殿은 숙종의 영정을 봉안했던 전각이다. 종묘가 공적인 '국가의 사당'이라면, 장녕전·경기전·영숭전 같은 영전들은 사적인 '왕실의 사당'이다. 영정影幀은 '사람의 얼굴을 그린 족자', 편하게 말해서 초상화이다. 주로 돌아가신 이의 장례나 제사에서 쓰인다. 영정은 신주를 대신하기도 한다.

장녕전에 모셨던 숙종의 얼굴은 영정이라고 하기보다 어진御眞*으로 쓰는 것이 더 자연스럽다. 장녕전을 짓고 거기에 숙종의 어진을 모시게 한 주인공이 바로 숙종 자신이기 때문이다. 재위 중에 자신을 모시는 사당을 세워 어진을 봉안하게 하는 것은 매우 드문 일이다. 태조 이성계 외에는 그랬던 적이 없었다.

---

* 임금 초상화를 어진으로 부르기 시작한 것도 숙종 때부터다. 그전에는 '어진'이라는 용어가 없었다. 주로 어용御容이라고 했고 진眞, 수용晬容 등도 임금의 초상화를 이르는 명칭으로 썼다. 『숙종실록』(1713년 5월 5일)에 의하면, 어용도사도감 도제조 이이명이 초상화의 호칭을 '모왕某王의 어진御眞'으로 하자고 제안했다. 『승정원일기』(1713년 5월 6일)에는 숙종이 '어진'을 임금 초상화의 명칭으로 결정하는 과정이 적혀 있다.

장녕전도

조선후기에 제작된 『강화부궁전도江華府宮殿圖』의 장녕전 부분. 장녕전은 외규장각의 동쪽에 위치해 있던 건물로 정면 5칸, 측면 2칸의 건물이었음을 알 수 있다. 부속 건물로 재실과 제기고가 있는데 이는 장녕전이 국가의 제사처임을 나타낸다.

왕의 초상인 어진은 그 자체가 섬김의 대상으로 왕실의 상징이기도 했다. 앞서 가신 왕의 영정은 후손인 지금의 왕이 제향하여 모셨다. 이제 재위중인 왕의 어진을 신하들이 모시게 되었다. 숙종이 생전에 진전眞殿으로 장녕전을 짓고 그곳에 자신의 어진을 모시게 한 것은 왕권 강화를 위한 노력의 하나로 보인다.

1695년(숙종 21) 숙종은 강화유수 김구에게 장녕전을 짓게 한다. 김구는 쓰지 않고 버려뒀던 영전影殿 건물을 철거하고 그 자리에 장녕전을 세웠다. 그런데 기둥을 세웠을 무렵 공사를 중단해야 했다. 전국적으로 흉년이 극심했기 때문이다. 을병대기근으로 불리는 재해가 시작되어 백성들의 곤궁함을 조금이나마 줄이고자 관에서 주관하는 모든 공사를 멈추게 한 것이다. 그런데 강화유수 김구는 장녕전을 완공하여 그 공을 인정받아 벼슬도 더해졌다.

김구는 숙종에게 공사를 계속하게 해달라며 "옛 전은 벌써 철거하였고 새 재목은 이미 마련하였는데, 밖에 쌓아 놓은 채로 해를 넘기게 되면 재목이 썩을까 염려되오니, 기와를 덥고 재목을 그 안에 쌓아두는 것이 어떠하겠습니까?"[1]라고 건의하였고 이를 숙종이 허락하였다.

이제 신하들은 정해진 시기마다 정해진 예법에 따라 장녕전 숙종의 어진 앞에서 의식을 치르게 되었다. 그러자 신하들이 반발했다. 사간 윤성교는 아직 젊고 수명이 무궁한 임금께서 어진을 강화에 봉안하게 한 것은 참으로 이상한 일이라고 상소했다. 하지만 숙종은 이상한 일이 아니다, 다 생각이 있어 하는 일이라고 했다.[2]

숙종이 장녕전을 세운 김구에게 벼슬을 내리자 사헌부에서 반대했으나 숙종이 청을 거부했다.[3] 신하들은 더 나아가 김구의 파직을 요구했지만 숙종은 꿈쩍하지 않았다. 실록의 다음 내용을 통해 장녕전에 대한 신하들의 불편한 심기를 알 수 있다.

> 김구가 몇 칸의 집을 중건한 것이 무슨 기록할 만한 공로가 있기에 승지承旨에 이른단 말인가? …… 분수에 넘치는 상을 베푼 것이다.
>
> 『숙종실록보궐정오』, 21년(1695) 9월 5일

그럼 백성들은 장녕전을 어떻게 여겼을까? 살아 있는 왕의 사당을 세우고 모시게 하는 모습을 난생처음 보고 들으며 고개를 저었을 것이다. 더구나 흉년으로 굶어 죽는 사람들이 많은 시기였다.

을병대기근은 참혹했다. 경신대기근(1670~1671) 때 100만 명 이상의 백성이 희생되었는데 을병대기근(1695~1699) 때는 더 엄청난 백성이 죽었다. 경신대기근이 일어나자 현종은 다음과 같이 말하며 가슴을 쥐어뜯었다.

> 가엾은 우리 백성들이 무슨 죄가 있단 말인가. 아, 허물은 나에게 있는데 어째서 재앙은 백성들에게 내린단 말인가. 이런 생각을 하니 미칠 것 같고 마음이 찢어지는 듯하다.
>
> 『현종개수실록』, 11년(1670) 5월 2일

을병대기근이 일어났을 때 숙종이 자신의 어진을 모시는 영전을 일부러 세우면서까지 국왕과 왕실의 권위를 세우려고 했던 이유는 당시의 시대적 상황이 숙종으로 하여금 힘의 필요성을 절감하게 했기 때문이다. 임진왜란, 병자호란으로 조선 왕실의 권위가 땅에 떨어졌다. 선조는 백성들의 원성을 뒤로 하며 왜군을 피해 의주까지 피난을 가야했고, 인조는 삼전도에서 청군에게 굴욕을 맛보았다.

인조는 원칙을 버리고 세손 대신 봉림대군에게 왕위를 물려주었다. 봉림대군 즉 효종은 어쩔 수 없이 정통성의 한계를 짊어지고 갈 수밖에 없었다. 효종의 아들 현종은 예송논쟁 등으로 신하들에게 휘둘리며 신하들을 제압하기가 벅찼다. 그런 아버지 현종의 모습을 보며 자란 숙종의 가슴 속에는 군약신강의 틀을 깨부수고 말겠다는 의지가 자라고 있었을 것이다.

장녕전이 세워지면서 강화부성 안은 신성한 공간이 되어야 했다. 원래 유수가 출근할 때마다 취타吹打, 즉 나발을 불거나 북을 쳤다. 그런데 장녕전이 들어서면서 취타를 할 수 없게 되었다. 다른 행사에서도 성 안에서는 취타할 수 없었던 것 같다. 다행히 군사 훈련장은 성 밖에 있어서 훈련 병사들을 지휘하기 위한 취타는 계속 행해졌다.

문제는 새로운 강화부성이 완공된 후였다. 강화부성은 기존의 성보다 규모가 훨씬 커서 군사 훈련장이 성 안에 포함되게 되었다. 이제 훈련장에서 나발이나 북을 사용해 병사들을 지휘할 수 없게 되었다. 훈련받는 병사도 가르치는 교관도 모두 난감했다. 결국, 유수 민진원은 훈련장에서만큼은 취타할 수 있도록 허락해 달라고 청하였고 숙종은 허락했다.[4]

1713년(숙종 39) 새로 제작한 숙종의 어진을 장녕전에 봉안하고, 장녕전에 모셨던 기존의 어진은 세초洗草하게 했다.[5] 어용도사도감 도제조御容圖寫都監都提調 이이명이 이 일을 청하자, 숙종은 자신의 생각도 또한 그러하다며 흡족해했다.

경종은 1721년(경종 1)에 장녕전 서쪽에 장녕전을 다시 짓고 장녕신전長寧新殿이라고 했다. 그리고 숙종 영정을 장녕신전으로 옮겨 모셨다. 원래 있던 장녕전, 그러니까 장녕구전長寧舊殿에는 왕이 타는 수레를 보관하게 했다.[6]

숙종이 만든, 왕 생전에 어진을 봉안하는 제도는 이후 왕실의 전통이 되었다. 영조는 1745년(영조 21)에 강화부 만녕전萬寧殿에 자신의 어진을 모시게 했다. 만녕전은 원래 1713년(숙종 39)에 지었는데 그때는 그냥 별전別殿이라고 불렀다.[7] 영조가 어진을 봉안하게 하면서 만녕전으로 이름 붙였다. 영조는 자신이 죽은 후에 받게 될 묘호까지 사실상 미리 정했다. 신하에게 이르기를, "나로 하여금 영英 자를 얻어 묘호를 삼게 하면 만족하겠다."라고 한 것이다.[8]

1776년(정조 즉위년) 정조는 강화유수에 명하여 영조의 영정을 만녕전에서 장녕신전으로 옮겨 숙종의 영정과 함께 봉안하게 했다. 영조가 생전에, 자신이 죽으면 만녕전의 어진을 숙종이 있는 장녕전으로 옮겨 달라고 부탁했기 때문이었다.

장녕전, 만녕전은 강화유수의 각별한 관리를 받았다. 강화유수가 헌관이 되어 제향을 올렸고 5일마다 돌아보며 시설 관리에 애썼다. 비가 새거나 회칠이 벗겨져 수리가 필요할 때는 임금에게 보고하고 허락을 받아 시행했다. 그런데 1866년(고종 3)에 장녕전도 만녕전도 모두 불타 없어졌다.

병인양요 때 강화읍내에 주둔했던 프랑스군의 마지막 만행이었다. 어진은 강화유수 이인기가 강화부성 함락 전에 고려산 백련사로 옮겨 모셨다가 혹시나 프랑스군에게 발견될까 싶어 다시 인화보의 진사鎭舍로 옮겼기 때문에 무사했다. 이 소식을 보고받은 조정에서 숙종과 영조의 어진을 경희궁으로 옮겨 모시게 했다.[9]

병인양요를 겪고 10년 뒤인 1876년(고종 13) 어느 날, 강화부 성안을 둘러보던 일본인이 한 비를 보고 연유를 물었다. 조선의 관리가 병인양요 때 불탄 장녕전 터에 세운 유허비遺墟碑라고 알려주었다.[10] 강화도조약이 맺어지던 1876년에 강화에 있던 장녕전 유허비의 흔적을 지금은 찾을 수 없다.

이형상과 역사지리서『강도지』

강화도의 역사지리서이자 보물로 시성된『강도지』(보물 제652-4호)는 이형상李衡祥(1653~1733)이 썼다. 이형상은 성장하여 중옥仲玉이라는 자를 받게 되고, 호는 병와瓶窩를 주로 썼다. 자신을 조그마한 병瓶 속에 누워 있는[窩] 은둔지사의 모습에 비유해서 지은 호였다.[11] 병와 말고 순옹順翁이라는 호도 썼다.

굳이 따지자면 서인 소론계에 속하지만, 당파의 굴레에서 벗어나 양심에 따라 행동했다. '족하다고 여기면 항상 족하고, 부족하다고 생각하면 언제나 부족하다.'는 말을 마음에 깊이 새기며 살았다.

이형상은 태종의 둘째 아들이자 세종의 형인 효녕대군의 10세손이다. 1653년(효종 4) 인천 죽수리 소암촌에서 태어났는데 아버지는 이주하, 어머니는 파평 윤씨이다. 죽수리 소암촌이 인천 어디쯤인지 정확하지 않다. 주안의 석바위와 연수구 동춘동 소암마을이 거론된다.[12]

그는 5세 때에도 비가 오나 눈이 오나 아침저녁으로 부모님의 잠자리를 보살펴드렸다고 한다. 8세 때에는 참외밭을 지나다가 참외 한 바가지를 얻었는데 맛있는 건 놔두고 덜 익은 것만 골라 먹었다. 이상하

게 여긴 참외 주인이 까닭을 물으니 그
는 "잘 익은 건 부모님 갖다 드리려고
요."라고 대답할 정도로 효심이 깊었다.
45세 때에는 어머니 상을 치른 이후 어
느 날, 밥상에 맛난 조기젓이 올랐는데
손도 대지 않았다고 한다. 옆에서 맛난
걸 왜 먹지 않느냐며 조기젓을 권하자
"돌아가신 어머니께서 조기젓을 워낙
좋아하셨다. 이걸 볼 때마다 어머니 생
각이 나서 차마 먹히지 않는다."고 하는
일화가 전한다.

이형상 초상

  이형상은 어릴 때부터 총명하여 학문 성취도 남달랐다. 10세 때『동
사』를 읽고 글을 지었는데 그 글을 읽은 한 노인은 일어서서 10세 꼬마
에게 정중하게 읍하였다[13]고 한다.

  25세에 사마시[14]에 합격했고, 28세에 문과에 급제한 후 승문원에 들
어가면서 관직 생활을 시작했다. 호조좌랑, 병조정랑 등 내직을 맡기도
했으나 주로 지방에서 벼슬살이했다. 성주목사, 금산군수, 청주목사,
동래부사, 나주목사, 경주부윤, 제주목사, 영광군수 등을 지냈는데[15] 청
백리로 이름이 높았다. 목민관 이형상은 백성들이 따뜻하고 배부르게
살아갈 수 있는 방안을 찾으려고 애썼다. 또한 병자호란 같은 참화를
다시 겪지 않도록 관방 정책을 점검하고 방어 시설을 정비했다.

  금산 덕유산 도적떼가 문제되자 숙종은 이형상을 금산군수로 보냈

다. 이형상이 금산에 도착하자 도적떼가 스스로 흩어졌다. 청주목사로 있다가 동래부사로 자리를 옮기게 되었을 때, 청주 백성들이 이형상의 행렬을 막기도 했다. 떠나는 수령을 "가지 마오, 가지 마오. 우릴 놔두고 어딜 가오." 하며 막아서는 백성들의 눈물 속에 이형상 목사에 대한 존경이 가득했다. 자기가 행한 일을 되돌아보아 스스로 부끄러움 없이 살고자[16] 노력한 결과이다.

1692년(숙종 18)과 1699년(숙종 25), 두 번이나 경주부윤으로 부임했는데 숙종이 이형상을 경주부윤으로 거듭 임명했던 것은 이형상만이 당시의 난관을 극복할 수 있다고 믿었기 때문이다. 1699년에 경주 운주산에서 '토적' 수천 명이 일어나자, 이형상을 다시 경주부윤으로 보냈던 것이다. 이형상은 '토적'을 토벌하지 않고 그들 스스로 해산해 생업으로 돌아가게 했다.

이형상은 노비를 보는 관점도 남달랐다. 그는 노비와 주인의 관계를 '자신의 몸을 돌보지 않고 주인에게 충성을 다하는 것은 종의 직분이고, 그 공로에 보답하는 것은 주인의 권한'이라고 했다. 대개 양반들이 '종의 직분'만을 강조했지만, 그는 '주인의 권한'도 행사했다. 선일이라는 자신의 노비를 해방해주고 자유인으로 잘살아가도록 살림 밑천까지 마련해 준 것이다.[17]

말년 30여 년간 경상도 영천에 호연정을 짓고 은거하며 하곡 정제두처럼 벼슬을 사양하고 거의 나아가지 않았다. 학문과 저술활동에 전념해 142종 326책의 방대한 저술을 남겼다. 성리학, 예악, 천문, 지리, 역사, 종교, 수리, 과학, 국학, 언어, 박물, 농상農桑, 외교 등 미치지 않는 분야가 없었다.[18] 제주도 지리서인 『남환박물南宦博物』과 국어 연구서 『자학字學』의 번역서가 간행되었다.

1694년(숙종 20), 조정에서 남인이 밀려나고 서인이 들어선 갑술환국이 일어났다. 어수선한 세상을 피해 이형상은 강화도로 거처를 옮겨와 머물렀다. 이때 안주목사에 임명되었으나 나아가지 않았다.[19] 그리고 당시 강화유수 민진주(1646~1700)의 요청을 받아 『강도지』를 쓰게 된다.

국방의 요충인 강화도를 직접 체험하면서, 『여지승람』을 기본으로 하고 여기에 역사서와 각종 문집을 참고해서 『강도지』를 편찬하였다. 시골 노인들과 스님들을 '인터뷰'해서 신뢰할 만한 내용도 넣었다. 이형상은 단순한 사실 기록에 그치지 않고 강화도를 금성탕지로 정비할 수 있는 나름의 분석과 대책까지 적었다. 숙종에게 이 책을 올려서 나라 정책에 반영되기를 원했으나 『강도지』는 숙종에게 전달되지 못했다.

이형상이 강화부의 읍지인 『강도지』 상·하권을 완성한 것은 1696년(숙종 22)이다. 그런데 1696년 이후의 기록도 드문드문 보여 나중에 새로운 내용을 추가한 것 같다. 1978년 한국정신문화연구원(지금의 한국학중앙연구원)에 의해서 세상에 알려졌으며 1991년 강화문화원은 『국역 병와집』에 실린 번역본 『강도지』를 복제·간행했다.

『강도지』에는 이형상의 강화에 대한 애정이 담겨 있다. 자신이 보아 나쁜 점은 날카롭게 지적했다. 갑곶에 많은 사람이 모여 성황제 지내는 걸 보고, 극도로 허망한 미신인데, 왜 관아에서 그냥 두는지 모르겠다며 비판하기도 했다. 무武를 너무 중시해서 문文에 소홀함을 지적하기도 했다. 섬의 풍속이 어리석고 미련하여 의리를 모른다고도 했다. 군정의 태만함을 비판하며 "누가 보장의 땅이 일반 고을만도 못할 줄 짐작이나 하겠는가."며 혀를 찼다. 문수산성을 쌓은 것도 잘못된 일이라고 했다. 만약 적이 차지해서 들어앉으면 강화도는 더 큰 곤경에 처하게 된다고 걱정했다.

또한 강화의 효자 황윤손에 대해서도 썼다. 황윤손의 일화를 살펴보면, 그는 병든 아버지를 밤새워 간호하다가 온몸에 이가 우글거리게 되었다. 옷 밖으로도 기어 다녔는지 사람들이 이를 잡아주려 하자 황윤손은 못 잡게 했다. "이를 잡아버리면 잠이 깊어 들어 부친 병을 간호할 수 없다."고 답하였다고 한다.

달라진 강화도의 모습

고려 전기만 해도 강화도의 모습은 지금과 많이 달랐다. 당시는 땅덩이가 훨씬 작았고 해안선도 몹시 복잡했다. 그런데 간척이 이어지면서 지금과 같은 모양을 갖게 되었다. 고려 시대 대몽항쟁기에 대규모 간척이 이루어졌는데, 고종은 몽골 6차 침략 때인 1256년(고종 43)에 강화도 북동쪽 해안가에 둑을 쌓아 농토를 만들라고 명했다.

강화도 북쪽 조강 연안의 제포와 와포에 둑을 쌓아 좌둔전으로 하고 김포와 마주하고 있는 염하변의 이포와 초포를 막아 우둔전으로 삼으라고 한 것이다. 그 결과 S자 형태로 굴곡이 심했던 강화도 북동 해안이 완만한 곡선 형태로 바뀌었다. 이후 조선 시대를 거쳐 현대에 이르기까지 간척이 계속되어 왔다. 지금 강화도 전체 면적의 약 3분의 1이 간척의 결과로 얻어진 땅이다.

마니산이 있는 화도면은 원래 고가도라는 섬이었다. 고가도가 강화 본섬과 합쳐져 하나가 되면서 강화도의 지도가 완전히 달라진 것이 숙종 때이다. 선두포에 둑을 쌓아 바다를 막은 결과였다. 선두포축언시말비船頭浦築堰始末碑에 선두언船頭堰 공사 과정이 생생하게 적혀 있다.

강희 46년 정해년(1707) 5월 어느 날 세움. 병술년(1706) 9월 5일 왕의 허락을 받아 18일에 공사를 시작하여 이듬해 5월 25일 완료하였다. 둑의 길이는 410보로 토석土石으로 축조하였다.

강화유수 민진원의 주도로 1706년(숙종 32)부터 1707년(숙종 33)까지 8개월 넘게 걸려 선두포 둑을 완성했다는 내용이다.

바다를 막는 것은 난공사로, 장비도 변변치 않은 상황이었기 때문에 노동력에 승부를 걸어야 했다. 돈대 축조 때는 강화도 주민이 거의 동원되지 않았으나 축언 공사에는 군병을 중심으로 강화 주민의 상당수가 참여했다. 또한 진무영의 지휘권 안에 있는 연안과 배천의 군병이 동원되었고, 인천·부평·풍덕의 군병들도 추가로 투입되었다. 무엇보다도 큰 돌을 나르는 것이 힘들었을 것이다.

제방을 쌓을 때에 마땅히 돌로 쌓아야 하는데 진흙 바닥으로 돌을 운반하기가 매우 어려우니, 반드시 판자를 깐 연후에야 그 위로 돌을 운반할 수가 있습니다. 그 많은 판자를 마련할 길이 없는데, 듣건대 이번 진연進宴 때 계단을 보수한 판자가 자그마치 수천 장이나 된다고 합니다. 앞으로 비록 응당 쓸 곳이 있겠으나 수천 장이 반드시 모조리 들어갈 이치가 없으니, 이 판자 500장을 한정해서 특별히 빌려쓰고 역사를 마친 후에 온전한 것이 있으면 다시 돌려주는 것이 좋을 듯합니다. 『비변사등록』, 숙종 32년(1706) 9월 6일

마니산

강화도의 상징인 마니산 정상에는 단군께서 하늘에 제사를 올렸다는 참성단이 있다.

참성단

마니산 참성단은 사적 제136호로 사진 오른쪽 소사나무는 천연기념물 제502호이다.

　판자를 갯벌에 깔고 돌을 옮긴 것이다. 민진원은 숙종에게 판자 500장을 빌려 달라고 했다. 공사 마치면 온전한 것을 반납하겠다고 했고 숙종은 빌려 주었다. 그런데 둑 다 쌓고 나서 반납한 판자가 과연 있었는지는 알 수 없다.

　선두포에 제방을 쌓는 논의는 효종 때부터 있었다. 숙종 대에도 강화유수 윤이제 등이 거듭 제안했지만 이를 시행한 것은 민진원 유수였다. 바다를 막아 농토를 만들어서 진과 보의 운영 경비를 마련하고자 하는 군사적 목적이 컸는데, 민진원이 임금에게 선두언의 필요성을 말한 장계를 살펴보자.

개간할 땅이 마땅히 1천 석은 나올 것이니, 다 쌓아 개간한 후에 참 작하여 각 진보에 나누어 주어 둔전을 삼아 매월 급대給代하는 규정을 영원히 없애면 경비가 감소되고 백성들의 식량도 여유가 있어 한 번에 몇 가지 이익을 함께 얻을 수가 있습니다.

『비변사등록』, 숙종 32년(1706) 9월 6일

숙종은 오랜 세월 강화도에 공을 들였다. 진·보 체제를 완성하고 수많은 돈대를 쌓았고 외성을 쌓았고 그도 모자라 물 건너 김포 땅에 문수산성까지 쌓았다. 시설을 지킬 군사와 군사를 먹일 식량도 필요했다. 비상시 강화도 바깥 지역에서 군사들을 불러 모을 수 있는 체제를 구축하기는 했지만, 강화도 안의 군사력 증강도 필요했다. 그러려면 사람이 많이 살아야 하고 농경지가 필요했지만 땅이 부족했다. 쓸 만한 곳은 말을 키우는 목장뿐이었기 때문에 간척이 절실할 수밖에 없었다. 이미 현종도 강화도 간척을 통해 대청언, 가릉언, 장지언을 축조해서 농토를 넓혀 놓은 상태였다. 전국적으로 기근이 들고 전염병이 창궐하는 어려운 시기였지만, 숙종은 마침내 선두포 축언을 명하였고 민진원에 의해 완성된 것이다.

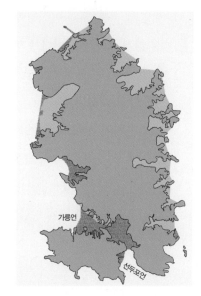

강화도 간척 지도

농토가 늘면서 인구도 늘었다. 조선 전기인 1413년(태종 13) 강화도 인구는 3,283명이었다. 1632년(인조 10)쯤 되면 13,000명이 된다. 그러다가 숙종 대인 1696년(숙종 22) 무렵에 29,725명으로 늘어나고[20] 1779년(정조 3)이 되면 33,000명에 이르게 된다.[21] 지금 강화군 전체 인구는 66,735명(2014년 1월 1일 기준)이다.

전등사에서 정수사, 동막해수욕장 방향으로 가다 보면 길화교라는 다리를 만나게 된다. 다리 건너로 이어지는 도로가 숙종 때 쌓은 선두포 둑이다. 길옆으로 몇 개의 비가 서 있는데, 선두포 둑과 직·간접적인 연관이 있는 것들이다. 선두포축언시말비도 선두포 비석군에 있었는데 2010년 10월에 하점면 강화역사박물관으로 옮겨졌다.

선두포 비석군에는 민진원 불망비가 있다. 1735년(영조 11)에 세운 것인데, "행유수* 민진원이 덕을 쌓고 백성을 구휼한 것을 영원히 잊지 않기 위한 비, 바다를 막아 뭍을 만들었고, 그 토지를 옥토로 만들었네. 국가는 항상 세금을 거둘 수 있었고, 백성은 곡식을 비축하였도다."라고 새겼다.

민진원이 선두포에 둑을 쌓은 목적은 농토를 확보하기 위함이었다. 그런데 그는 또 하나의 목적이 있다고 숙종에게 아뢰었다.

선두포의 양쪽 가에 양암과 갈곶의 두 돈대가 있는데 서로의 거리가

---

* 품계가 높은 사람을 낮은 관직에 임용하는 경우는 관직명 앞에 행行을, 그 반대의 경우는 수守를 붙여 불렀다.

300여 발에 불과합니다. 그런데 포구의 물이 중간에서 막혀 서둘러서 왕래하려면 20리의 원거리가 되니 만약 그 제방을 쌓으면 20리를 300발로 줄일 수가 있어 방수하는 도리에도 매우 다행이겠습니다.

『비변사등록』, 숙종 32년(1706) 9월 6일

두 돈대 사이의 거리는 지척인데 물이 막혀 한참을 돌아가야 하고 둑을 쌓으면 두 돈대 사이의 왕래와 연락이 수월해져 방비에 좋을 것이라는 뜻이었다. 그런데 결과는 엉뚱했다. 선두포 둑이 완성되고 나서 양암돈대와 갈곶돈대가 폐지되는 운명에 처하게 된 것이다.

1718년(숙종 44) 강화유수 권성이 임금에게 올린 소장을 살펴보자.

선두포의 좌우와 갈곶·양암 두 돈대에 이르러서는 한 번 포浦를 막아 통筒을 쌓은 뒤로는 포구에 진흙 펄이 가로지르게 되어 큰 배들이 통행하기가 어려우므로 양암과 갈곶이 이 두 돈대는 실지로 무익하게 되니, 설치해야 할지 혁파해야 할지의 편의를 중신을 보내어 자세히 살피고서 품정하게 하소서. 『숙종실록』, 44년(1718) 4월 1일

선두포 제방이 생기면서 양암돈대와 갈곶돈대가 존재 의미를 잃은 것이다. 강화유수 민진원이 강화도 돈대에 파수군졸을 배치하는 내용을 임금에게 보고하면서, "양암·갈곶의 두 돈대에는 지금 이미 둑을 쌓아 지킬 일이 없으므로 이 두 돈대에는 (파수 군졸을) 배정하지 않았습니다."[22]라고 하였다. 이때가 1710년(숙종 36)이다. 강화유수 권성이

폐지 여부를 임금에게 묻기 8년 전이었다.

숙종은 신하들의 의견을 더 물어본 후 폐지를 결정했다. 이리하여 양암돈대와 갈곶돈대는 사라지게 되었다. 1679년(숙종 5)에 완성돼서 1718년(숙종 44)에 폐지되었으니, 40년간 존속한 것이다.

실록을 보관한 정족산사고

『조선왕조실록』은 『태조실록』부터 『철종실록』까지를 말한다. 실록을 쓰고 보관하던 관청은 춘추관春秋館이다. 조선 초, 서울에 있는 춘추관 한 곳에만 실록을 보관하기가 불안해서 외사고 즉 충주사고를 하나 더 두었다. 1439년(세종 21) 성주와 전주에도 사고를 마련하고 실록을 보관하게 했다. 이렇게 해서 춘추관·충주사고·성주사고·전주사고, 4대 사고 체제가 성립되었다.

그런데 임진왜란(1592~1598)이 일어나 왜군에 의해 춘추관·충주사고·성주사고가 불타면서 사고 안의 실록들도 재가 되었다. 하지만 안의와 손홍록 그리고 오희길 등이 전주사고에 모셔졌던 실록을 내장산으로 옮기면서 전주사고만 무사할 수 있었다.

이후 전주사고본 실록은 황해도 해주를 거쳐 1595년(선조 28) 11월에 강화부에 왔다가 1597년(선조 30) 9월에 평안도 영변 묘향산 보현사 별전으로,[23] 다시 영변부 객사로 옮겨지다가 1603년(선조 36) 5월에 강화부로 되돌아왔다. 이때부터 1606년(선조 39)까지 서울을 드나들었다. 서울에서의 실록 재인쇄 작업 때문이었다. 강화도에 원본인 전주사고본을 보관하고 새로 만든 실록은 춘추관, 태백산, 묘향산, 오대산에 모셨다.

강화의 실록이 정족산사고로 옮겨진 것은 1660년(현종 1)이다. "강도유수 유심이 정족산성의 공사가 완료되었음을 치계하자, 실록을 성내의 사고로 옮겨 봉안하여 별장을 시켜 지키게 하도록 명"[24]했다고 『현종실록』에 나온다. 현종의 명이 있었던 것은 1660년 11월 8일, 그 명에 따라 정족산사고에 실록이 모셔진 것은 그해 12월이었다.[25]

정족산에 있는 정족산성鼎足山城의 다른 이름은 삼랑성三郎城이다. 단군의 세 아들이 쌓았다는 이야기가 『고려사』 등에 전한다. 삼랑성 안에는 전등사가 있고, 전등사 명부전 서쪽 언덕에 정족산사고가 있다. 일제강점기에 허물어져 주춧돌만 남은 빈터였다가 1999년에 옛 모습 그대로 복원되었다. 사고 별관인 취향당은 2006년에 새로 지었다.

정족산사고 담장 안에 건물이 두 채 있는데 왼쪽 본 건물이 실록을 보관하던 사각으로 장사각藏史閣이라는 현판이 걸렸다. 오른쪽 작은 건물은 선원보각璿源寶閣, 왕실 족보를 보관하던 곳이다.

정족산사고가 세워진 것은 1660년(현종 1)이다. 이때는 실록을 보관하는 사각만 있었다. 1682년(숙종 8)에 선원각을 짓고 왕실족보인 선원록을 처음으로 봉안했다. 1697년(숙종 23)에는 '선원보각璿源寶閣'이라는 현판을 달았다. 그렇게 해서 사고로써의 외형을 갖추게 되었다. 그런데 이때의 정족산사고는 지금 복원된 사고와 위치가 달랐다. 애초의 정족산사고는 지금의 사고와 가까운 다른 곳에 있었는데 1707년(숙종 33)에 현 위치로 옮겨 지은 것이다.[26]

정족산성 동문

단군의 세 아들이 쌓았다고 전하는 삼랑성이 곧 정족산성이다. 동문과 남문이 전등사를 드나드는 출입문으로 쓰인다. 산성 안에 전등사와 정족산사고가 있다.

"정족산 사고의 터는 북쪽이 그늘지고 좁을 뿐만 아니라 해무가 길게 막혀 있으며 남풍을 받아 지세가 매우 불편"해서 1704년(숙종 30)부터 새 사고 터를 찾게 되었다. 새 사고 터는 사각 아래 십 수 보 거리에 있는 곳으로 볕이 잘 드는 땅으로 결정되었다.[27] 이에 의하면 현종 때 처음 지은 사고는 지금 사고의 바로 위에 있었던 셈이다. 실제로 현 사고 뒤편 '십 수 보' 떨어진 곳에 건물이 있었을 법한 평평한 공터가 남아 있는데 지금은 그리 굵지 않은 나무들이 듬성듬성 자라고 있다.

1706년(숙종 32) 강화유수 민진원은 사고를 짓는 데 필요한 나무를

정족산사고 삼문

전등사 마당에서 서쪽 오솔길로 몇 걸음이면 정족산사고를 만나게 된다. 삼문 안에 장사각과 선원보각이 나란히 있다.

정족산사고

왼쪽 건물 장사각은 실록 등을 모신 공간이고, 오른쪽 작은 건물 선원보각은 왕실 족보를 모신 곳이다.

강원도 이천 등에서 사들이기로 결정하는 등, 이건을 위한 준비를 시작했다. 황흠이 강화유수가 된 1707년에 새 사고를 지었다. 계획은 사각 5칸, 선원각 5칸의 규모였으나 공간이 부족해서 사각만 5칸으로 짓고, 선원각은 3칸으로 줄여 지었다.

1707년(숙종 33) 11월, 사관이 내려와 새로 지은 사각에 실록을 모셨다. 9월에 사고를 짓기 시작했으니 약 두 달 만에 완공을 본 것이다. 이때 취향당도 함께 지었다고 하지만 사실이 아니다. 취향당의 정확한 건립 연대는 알 수 없으나 1699년(숙종 25) 이전에 이미 있었다.

1713년, 숙종 재위 39년 되는 해에 왕자 연잉군延礽君(뒷날의 영조)이 정족산사고에 왔다. 당시 20세 청년 연잉군은 종부시 도제조 자격*으로 봉안사가 되어 선원각에 어첩(왕실 계보의 대강을 뽑아서 적은 책)과 선원록을 봉안하러 왔다. 연잉군은 취향당에서 선원각에 있던 기존의 선원록을 포쇄曝曬하기도 했다. 포쇄란 책을 꺼내 놓고 바람에 말리는 작업이다. 습기를 제거하고 부식을 막기 위해서였다.

1813년(순조 13)에도 장사각을 개건했다. 하지만 위치가 바뀌지는 않았다. 그 자리에 다시 건물을 올린 것이다. 지금 복원된 정족산사고의 역사는 숙종 대부터 시작된 것이다.

정족산사고의 실록들은 무사하게 지금에 이르렀다. 큰 위기는 병인양요(1866)였다. 프랑스군이 정족산성으로 쳐들어오자 양헌수 부대가

---

* 　종부시宗簿寺에서는 왕실 족보인 선원록 만드는 일과 왕실 사람들의 잘못을 바로잡는 일을 했다. 종부시의 장을 도제조라고 했는데, 왕자들 가운데 한 사람이 맡았다.

취향당

취향당은 일종의 사고 별관이다. 정족산사고 정문 바로 앞에 있다.

그들을 격퇴했다. 만약 성이 함락되었다면 사고도 무사하지 못했을 것이다. 이 무렵 정족산사고의 실록은 땅속에 묻히기도 했었다. 만약의 사태를 대비해서 안전한 땅속에 숨겼던 것이다.[28]

 2009년 9월, 정족산성 안에 있던 정족진 터가 발굴돼 세상에 알려졌다. 조선 후기에 제작된 강화도 지도에서만 존재하던 정족진이 실체를 드러낸 것이다. 정족진은 정족산성 방비를 목적으로 하는 군부대이지만, 정족산사고의 실록을 보호하는 역할도 했을 것이다. 정확한 설치 연대를 알 수 없으나 병인양요 직후로 추측할 수 있다. 『비변사등록』

의 기사를 통해 추정해 보자.

1866년(고종 3) 11월, 진무사 이장렴이 "정족산성은 형세가 험하므로 굳게 지킬 지역이라 할 수 있지만, 선두진은 너무나 궁벽하여 요충지가 아니니 폐지하고, 이 진을 정족산성 가운데로 옮겨서 관사를 세우고 늠료를 더 늘려 성첩을 수리하고 병기를 비축해야 할 것"[29]이라고 건의하자 임금은 그리하도록 허락하였다. 정족산성 가까이 있는 선두보를 폐지하고 그 병력을 정족산성 안으로 옮기자고 한 것인데, 이 기록을 정족진의 시작으로 볼 수 있다.

다른 사고의 실록들은 어떻게 되었을까?

정족산사고 실록은 현재 서울대 규장각에 보관돼 있다. 태백산사고본은 부산에 있는 국가기록원 역사기록관에서 관리하고 있다. 그러나 나머지 사고의 실록들은 무사하지 못했다. 가장 먼저 화를 입은 것은 춘추관사고본이다. 인조 초에 일어난 이괄의 난(1624) 때 크게 파손되었고 1811년(순조 11)에 화재까지 겪어서 실록을 잃었다. 오대산사고본은 일제강점기에 일본 동경제국대학으로 반출되었다가 관동대지진(1923)으로 거의 불탔다. 온전한 일부 실록이 국내로 돌아와 서울대 규장각에서 관리했는데, 국립고궁박물관으로 옮겨갈 것이라고 한다. 묘향산사고의 실록들은 전라도 무주의 적상산사고로 옮겨졌다. 6·25 전쟁 때 북한군이 가져갔는데 평양에 있는 조선중앙역사박물관에 보관돼 있다고 한다.

숙종과 불교 그리고 적석사

성리학의 나라 조선에서 불교는 탄압의 대상이었다. 그렇지만 종교는 탄압으로 뿌리 뽑을 수 없다. 성리학이 종교로서는 약점이 많았다. 불교는 생명력을 이어갔다. 백성은 물론 왕실에서도 부처를 섬기곤 했다. 남편은 조정에서 불교를 비판하고 부인은 절에 가서 백일기도 올리는 부조화가 그대로 현실이 되곤 했다.

승려들이 천대받았음은 물론이다. 한양 사대문 안으로 들어갈 수조차 없었다. 절은 물론 암자도 새로 지을 수 없는 것이 원칙이었다.[30] 임진왜란 이후 승려들에 대한 처우와 불교에 대한 인식이 나아졌다. 일본군과의 전투에서 서산대사로 상징되는 승병들의 활약이 대단했던 덕이다. 숙종 대에 불교가 꽤 성했다. 불교가 널리 퍼져서 과거 응시생의 답안지에까지 불경이 인용돼 문제가 되기도 했다.[31]

그래도 승려들은 기쁘지 않았다. 새로운 과업이, 고단한 업무가 그들에게 주어졌기 때문이다. 승려들은 승병이 되어 산성 수호에 동원되었다. 성을 쌓고 왕릉을 조성하는 일에도 대규모로 동원되었다. 앞에서 살핀 대로 강화도 돈대를 쌓는 데도 승려들이 큰 역할을 했다.

청련사

다섯 연꽃 가운데 파란 연꽃 내린 곳에 세워졌다는 절이다.

숙종은 승려들에게 군사적 역할을 맡겼다. 무주 적상산성과 동래 금
정산성을 쌓고 지키는 데 승려들을 동원했다. 1711년(숙종 37)에는 북
한산성을 수축하고 그 안에 11개의 절을 지어 승려들이 살게 했다. 그
들은 승려 본연의 일과 함께 산성을 지키는 병사 구실도 해야 했다.

강화도에도 군사적 성격이 짙은 사찰이 세워졌다. 1692년(숙종 18)
에 세운 진해사와 1693년(숙종 19)에 준공한 용당사가 그것이다. 진해
사에는 무기와 군량 등을 비축하고 승려들로 하여금 지키게 했다. 용
당사는 승려들을 모아 외성을 지키게 할 요량으로 세웠다. 지금 두 절

적석사비각

내가면 고려산 끝자락에 낙조가 아름다운 적석사가 있다. 절 입구에 숙종대에 세운 적석사비가 섰다.

모두 존재하지 않는다. 숙종 당시에 강화도에 있었던 사찰로 지금까지 이어지고 있는 것은 국정사, 적석사, 백련사, 전등사, 정수사, 보문사 등이다.[32]

국정사는 강화 사람들이 오래도록 '국정절'이라고 불러왔던 청련사青蓮寺다. 적석사積石寺는 원래 적련사赤蓮寺였다. 붉을 적赤자가 화재와 관련이 있어서 불을 피하려고 이름을 바꾼 것이라고 한다. 백련사는 한자로 白蓮社라고 쓴다.

삼국시대에 먼 나라에서 고승 한 분이 강화도에 오셨더란다. 고승은 고려산에 올라 다섯 색깔 연꽃을 날렸다. 그 연꽃 떨어진 곳에 다섯

절을 세웠다는 이야기가 전한다. 파
란 연꽃 떨어진 곳에 청련사, 붉은 연
꽃 떨어진 곳에 적련사, 하얀 연꽃 떨
어진 곳에 백련사, 검은 연꽃 떨어진
곳에 흑련사, 노란 연꽃 떨어진 곳에
황련사를 지었다는 것이다. 다섯 색
깔 연꽃을 피웠던 연못을 오련지五蓮池
라 불렀고, 오련지가 있는 그 산은 오
련산五蓮山이라는 이름을 얻었다. 오련
산은 고려 조정이 몽골의 침략에 맞서
강화도로 도읍을 옮기면서 고려산이
라는 새 이름으로 불리게 되었다.

적석사비

적석사 경내로 들어가기 전, 오른쪽으로 비각이 있다. 비각 안에는
1714년(숙종 40) 6월에 세운 고려산 적석사비가 있다. 앞면과 옆면에
창건 내력과 중수, 개축 사실을 기록하였고 뒷면에 시주자 명단과 내
역을 새겼다.

비문의 내용을 일부 옮겨 적는다.

…… 강화부 서쪽 10리에 고려산이 있고 산 서쪽에 적석사가 있는데,
높은 바위에 걸쳐서 바다에 접근해 있다. 뛰어난 경치를 다 갖추고
있으니 진실로 신령스런 선인이 살만한 곳이다. 옛날 천축조사가 일
찍이 이 산에 주석하면서 절을 창건하고 부처를 받들어 모셨다고 한

다. …… 몽골 병사가 이 성을 철거하고 별초가 난을 일으켜, 선원사 같은 큰 사찰이 모두 폐허가 되고, 오직 이 절만 남아 있게 되었다. 조선왕조에 이르러 임진왜란 때에도 군란의 화가 미치지 아니한 즉, 강도 일부—附만이 진실로 아무 탈이 없었다. 병자호란 때에는 함락되어 처참하였으나, 오랑캐가 절에 이르러 또한 머리 숙여 예배하고 또 스님을 위하여 패를 만들어 병란을 모면하였으니 이 절이 끝내 폐허 되지 않고 지금까지 전해 내려왔다. …… 또 절의 자취를 관찰해보면 영험적 감응이 자못 많다. 동방이 징차 길하고 경사스런 일이 있으려면 서기가 감돌고, 장차 재앙이 있으려면 샘물이 마르니 진실로 이상한 일이다. …… 숭정기원후 87년 갑오(1714) 6월 어느 날 세우다.

7

숙종 시대가 저물다

肅宗

숙종, 지다

숙종, 지다

1679년(숙종 5) 10월, 19세 청년 숙종은 신하들에게 당동벌이黨同伐異를
그쳐 달라고 호소했다. 경신환국, 기사환국, 갑술환국을 통해 숙종은
신하들을 흔들어 대며 강력한 왕권을 확립할 수 있었다. 그러나 신하
들이 편 갈라 다투는 당동벌이는 오히려 심해졌다.

몇 차례 환국을 벌였고, 일찍이 조강지처 인경왕후가 죽고, 계비 인
현왕후가 세상을 떠나고, 첫사랑 장희빈마저 먼저 떠나보냈다. 1713
년, 53세 숙종은 이렇게 탄식했다.

나라가 있고 나서야 당론黨論도 할 수가 있는 것이니, 나라가 없어진
뒤에는 어느 곳에서 당론을 행할 것인가? 이것을 생각하지 않고서 밤
낮으로 경영하는 것이란 단지 어떻게 하면 어떤 사람을 모함할까, 어
떻게 하면 어떤 사람을 내쫓을까 하는 일뿐이니, 진실로 통탄스러운
일이다.[1]

신하들의 잘못을 지적한 것이지만, 사실은 자신을 나무라고 있는지

도 모른다. '당동벌이'가 사라지지 않는 것이 '내 잘못 아닐까, 신하들을 너무 억누르고·내 힘만 키운 부작용인가?' 숙종은 자책했는지도 모른다.

아무튼, 숙종은 마음이 편하지 않아서 자꾸만 몸도 아팠다. 어려서부터 잔병치레를 꽤 했는데 나이를 먹으며 건강이 더 나빠졌다.

1710년(숙종 36) 무렵 숙종은 영의정 최석정에 대해 서운한 마음을 갖게 되었다. 오래도록 자신을 지켜온 든든한 영의정이어서 몇 번씩 사표 내는 걸 억지로 잡아 두었다. 또한 최석정은 아픈 임금을 보살피는 책임자인 약방 도제조이기도 했다. 그런데 여전히 밥도 제대로 못 먹고, 화증에 두통이 심한데도 최석정은 별로 심각하게 여기는 것 같지 않았다. 자신만 홀로 건강을 걱정하는 것 같아 야속해² 약방 도제조 자리를 박탈해 버렸다.

이어 숙종은 노론의 핵심으로 강화유수를 역임한 이이명에게 약방 도제조를 맡겼다. 이이명은 피붙이처럼 절절한 정을 담아 숙종의 건강을 비는 상소를 올렸다. 고비를 넘겼다고 하나 계속 조심하셔야 하는데 어찌 나랏일을 그리 열심히 보시느냐며 숙종을 걱정했다.

사실 숙종이 최석정을 버리고 이이명을 쓴 것은 숙종이 신료들에 대한 애정과 신뢰가 없었기 때문이었다. 서인도 남인도 미덥지 않았고 노론도 소론도 마찬가지였다. 그래도 소론보다는 노론에게 무게를 실어주는 것이 정국 운용에 도움이 되겠다고 생각해 이미 야멸차게 버렸던³ 이이명을 다시 선택한 것이다. 소론의 핵심인 최석항은 자신이 쓴 글이 주자의 뜻에 어긋난다는 노론 사람들의 거듭된 비난으로 힘을 잃고 대신 이이명 쪽이 힘을 얻었다.

　1717년(숙종 43) 정유년 5월, 최석정의 동생 최석항 강화유수가 마니산 참성단을 고치고 중수비를 세웠다. 같은 해 7월의 궁궐, 승지도 없고 사관도 없는 방 안에는 숙종과 좌의정 이이명 단둘뿐이었다. 승지와 사관을 들어오지 못하게 막고 임금과 신하가 밀담을 나눈 것이다. 두 사람만의 대화를 정유독대라고 한다. 독대가 끝난 후 숙종은 이렇게 명을 내렸다.

> 5년 동안 병마에 시달려 온 끝에 안질이 더욱 고통스러워서 물체를 보아도 더욱 희미해 수응酬應하기가 점차 어렵게 되었으니 국사가 걱정스럽기 그지없다. 그리하여 국조國朝와 당나라 때의 고사故事에 따라 세자에게 청정하게 한다.　　　『숙종실록』, 43년(1717) 7월 19일

　건강이 악화된 숙종을 대신해서 세자가 대리청정할 것임을 알린 것이다. 그렇다면 숙종과 이이명이 몰래 합의하여 세자의 대리청정을 결정한 것이 된다. 세자를 미워하는 노론 이이명이 세자의 대리청정을 수용한 이유는 무엇일까?

　이건창(1852~1898)은 『당의통략』에서 사람들이 흔히 하는 말이라며, "노론은 또한 임금을 위하여 세자를 바꾸려고 한다. 세자의 대리청정을 찬성한 것은 장차 이를 구실 삼아 넘어뜨리려고 하는 것이다."[4]라고 했다. 숙종이 세자에게 대리청정을 맡긴 것은 폐세자시킬 구실을 찾기 위함이었다는 것이다.

세자는 14세에 어머니(장희빈)를 잃었다. 아버지가 어머니를 죽게 한 것이다. 어머니를 잃은 후 정신적으로 육체적으로 아팠다. 말년의 숙종은 병약한 세자가 왕 노릇을 제대로 할지 걱정스러웠을 것이다. 나이 서른이 되도록 자식을 낳지 못하는 것도 후계를 걱정하는 숙종에게 세자 교체의 필요성을 느끼게 했다.

그럼 숙종의 마음은 누구에게 있었을까? 당시 19세인 연령군을 세자로 만들어 왕위를 잇게 하고 싶었던 것 같다. 민진원은 "연령군은 온유하고 재주가 있어 주상도 연잉군보다 더 사랑하였으니, 정유독대시 주상의 뜻도 대개 연령군에게 있었다고 한다."[5]라고 했다. 그러나 연령군은 정유독대 2년 후인 1719년(숙종 45)에 죽고 말았다. 연령군이 죽은 후 연잉군이 더욱 주목받게 되었고 결국은 경종을 이어 영조로 즉위하게 된다.

아무튼 숙종의 명으로 세자가 대리청정을 시작했다. 세자는 대리청정을 무난하게 해나갔다. 그를 돕는 소론은 힘이 없었고 노론은 덫을 놓고 그의 대리청정을 지켜보고 있었지만 세자는 슬기롭게 덫을 피하며 앞으로 나아갔다.

그러던 중 숙종의 건강은 점점 더 악화되었다. 거의 실명에 이를 만큼 눈도 크게 상하고 배도 부어올랐다. 1720년(숙종 46) 4월, 강화도 양사 땅에 초루돈대가 섰다. 숙종이 강화도에 쏟았던 관심과 정성, 그 마지막 결과물이 초루돈대였다. 그리고 6월, 마침내 숙종은 세상을 떠났다. 그의 마지막을 인원왕후가 지켰다.

2품 이상의 관료들이 빈청에 모여 묘호를 의논해서 숙종肅宗으로 정했다. '엄하다, 엄격하다'는 의미의 '숙肅' 자를 썼다. 강덕극취剛德克就, 즉 '강직하고 덕스럽고 이겨내며 나아간다.'는 군주로 평가해서 숙肅이라는 묘호를 올린 것이다.[6]

연잉군 초상

숙종의 뒤를 이어 세자가 왕위를 이었다. 장희빈이 낳은 아들 경종(1688~1724, 재위 : 1720~1724)이었다. 하지만 아버지가 어머니를 죽인 엄청난 사건의 충격을 극복하지 못했던지 경종은 건강하지 못했다. 아들은커녕 딸도 없이 4년여 동안 재위하고 세상을 떠났다. 재위 초반이던 1721년(경종 1)에 경종은 아끼는 동생 연잉군을 세제世弟로 삼았다. 그래서 경종의 뒤를 이어 세제가 왕위를 물려받았다. 바로 영조 시대가 개막한 것이다.

오랜만에 진강산에 갔습니다. 사람 기척에 놀란 고라니가 후다닥 뛰어 나갑니다. 효종의 애마 벌대총이 뛰놀던 곳도 여기였을까 문득 궁금해 졌습니다. 꼭대기 바위에 앉아 탁 트인 바다를 내려다보며 숙종을 떠 올립니다.

숙종과 장희빈의 관계는 말처럼, 글처럼 쉽게 단정하기가 어렵다는 생각이 들었습니다. 뜨거운 사랑을 따뜻한 정으로 이어가지 못하고 여 인에게 내린 사약 속에는 남자의 실망과 분노 그리고 군주의 계산이 섞여 있었을 것입니다. 장희빈은 일개 궁녀로 궁에 들었다가 왕비의 자리에까지 올랐던, 소설보다 더 소설 같았던 여인입니다. 소설 속 주 인공이 장희빈이라면 소설을 이끈 이는 결국 숙종이었겠지요.

숙종은 신권臣權에 눌린 군권君權을 용납할 수 없었습니다. 군권을 세 우기 위해 치열하게 살았습니다. 신료들과 싸우고 자신과도 싸웠습니 다. 부작용도 있었으나 결국은 강력한 왕권을 회복하고 굵직한 업적들 도 쌓았습니다. 효종처럼 북벌을 밀어붙이지 않았지만 만약을 대비한 보장처를 갖추는 데 힘을 다했습니다.

즉위 초부터 '강화읍성'을 고쳐 쌓고 덕진진에 행궁을 짓게 하더니 세상을 떠나던 해에는 초루돈대의 완성을 보았습니다. 그는 강화도를 보장처로 중시한 사실상 마지막 군주였습니다. 그 덕에 강화도는 더욱 견고해졌고, 병인양요, 신미양요 극복하는 바탕이 되었습니다. 일본 운요호 무리를 격퇴하는 힘이 되었습니다. 숙종 덕분에 지금의 강화도가 있습니다.

가장 힘든 상황이 닥치면 가서 안겨 의지할 어머니의 품, 숙종에게 강화도는 어머니의 품이었습니다. 다행히 어머니 품에 안겨야 할 일은 일어나지 않았습니다. 종묘사직을 위해 백성을 위해 정말 다행스러운 일이었습니다. 아마도 숙종이 먼저 강화도를 품은 덕분일 겁니다.

도움 받은 자료

단행본

- 강화군, 『강화 나들길 가이드북』, 2011.
- 강화군, 『강화 옛지도』, 2003.
- 강화군, 『신미양요 기록사신집』, 2000.
- 강화군·강화문화원, 『강화금석문집』, 2006.
- 강화군군사편찬위원회, 『신편강화사』, 상·중, 2003.
- 강화군·육군박물관, 『강화도의 국방유적』, 2000.
- 강화군청·인하대학교박물관, 『강화 선두언-선두리배수개선사업부지내문화유적지표 조사』, 2002.
- 강화문화원, 『강도수어사』, 1995.
- 강화문화원, 『강도의 민담과 전설』, 1994.
- 강화문화원, 『강도의 발자취』, 1990.
- 강화문화원, 『강화 보호수지』, 2003.
- 강화문화원, 『강화 향토유적 사료집』, 2002.
- 강화역사문화연구소 편, 『강화사료총서1, 강화지리지』, 2000.
- 강화역사문화연구소 편, 『하곡정제두 그의 연보와 행장』, 2003.
- 고재형 저, 김형우·강신엽 역, 『역주 심도기행』, 인천대학교 인천학연구원, 2008.
- 구자청, 『상소문을 읽으면 조선이 보인다』, 역사공간, 2013.
- 국립문화재연구소, 『강화의 국방유적 : 초루돈대·손돌목포대 발굴조사 보고서 』, 2004.
- 김노진, 『강화부지』 (인천광역시, 인천역사문화총서33-역주 강화부지, 2007).
- 김만중 지음, 주인환 엮음, 『사씨남정기』, 신원문화사, 2002.
- 김포시·한양대학교박물관, 『김포 문수산성·수안산성 시굴 조사 보고서』, 2003.
- 남도영, 『한국마정사』, 한국마사회 마사박물관, 1997.
- 민승기, 『조선의 무기와 갑옷』, 가람기획, 2004.

· 민진원 지음, 이희환 옮김, 『단암만록』, 민창문화사, 1993.
· 박영규, 『조선의 왕실과 외척』, 김영사, 2003.
· 박영규, 『한권으로 읽는 조선왕조실록』, 들녘, 1996.
· 박은우, 『강화의 세월』, 학연문화사, 2006.
· 박제가 지음, 박정주 옮김, 『북학의』, 서해문집, 2003.
· 박헌용, 『속수증보강도지』, 1932.
· 삼랑성역사문화축제조직위원회·강화역사문화연구소, 『강화도 참성단-현황과 과제』, 2003.
· 시노다고이치 지음, 신동기 옮김, 『무기와 방어구』, 들녘, 2001.
· 신달도·정양·윤선거 원저, 신해진 편역, 『17세기 호란과 강화도』, 역락, 2012.
· 신헌 지음, 김종학 옮김, 『심행일기』, 푸른역사, 2010.
· 심경호, 『내면기행 : 선인들, 스스로 묘비명을 쓰다』, 이가서, 2009.
· 어한명 원저, 신해진 역주, 『강도일기』, 역락, 2012.
· 연갑수, 『대원군집권기 부국강병책 연구』, 서울대학교출판부, 2003.
· 염영하, 『한국의 종』, 서울대학교출판부, 1994.
· 오세영, 『북벌』, 시아퍼블리셔스, 2012.
· 오항녕, 『조선의 힘』, 역사비평사, 2010.
· 윤국일 옮김, 『신편 경국대전』, 신서원, 2005.
· 윤용출, 『조선후기의 요역제와 고용노동』, 서울대학교출판부, 1999.
· 이건창 지음, 이덕일·이준녕 해역, 『당의통략』, 자유문고, 1998.
· 이건창 외, 박석무 편역, 『나의 어머니, 조선의 어머니』, 현대실학사, 1998.
· 이경수, 『김포역사산책』, 신서원, 2008.
· 이경수, 『역사의 섬 강화도』, 신서원, 2002.
· 이경수, 『한국사눈뜨기』, 동녘, 2000.
· 이덕일, 『윤휴와 침묵의 제국』, 다산북스, 2011.
· 이성무, 『조선시대 당쟁사』2, 아름다운날, 2007.
· 이성무, 『조선왕조실록 어떤 책인가』, 동방미디어, 1999.
· 이용규, 『강화학파 학인들의 발자취』, 수서원, 2007.
· 이재철, 『조선후기 비변사 연구』, 집문당, 2001.
· 이정옥, 『백성은 물, 임금은 배』, 글누림, 2012.
· 이정철, 『대동법, 조선 최고의 개혁』, 역사비평사, 2011.
· 이정철, 『언제나 민생을 염려하노니』, 역사비평사, 2013.
· 이존희, 『조선시대의 한양과 경기』, 혜안, 2001.

- 이춘식, 『중국사사설』, 교보문고, 1994.
- 이한우, 『숙종, 조선의 지존으로 서다』, 해냄, 2010.
- 이한우, 『왕의 하루』, 김영사, 2012.
- 이형상, 『강도지』, 강화문화원, 1991.
- 임민혁, 『왕의 이름, 묘호』, 문학동네, 2011.
- 전국역사교사모임, 『사료로 보는 우리역사』, 돌베개, 1992.
- 정두희·김아네스·최선혜·이장우, 『장희빈, 사극의 배반』, 소나무, 2004.
- 정호승, 『너를 사랑해서 미안하다』, 랜덤하우스중앙, 2005.
- 종청한, 『50인으로 읽는 중국사상』, 무우수, 2007.
- 지두환, 『숙종 후궁 장희빈』, 역사문화, 2002.
- 최영준, 『국토와 민족생활사』, 한길사, 1997.
- 최효식, 『조선후기 군제사 연구』, 신서원, 2007.
- 한국건축역사학회 편, 『한국건축답사수첩』, 동녘, 2006.
- 한국고전번역원 승정원일기 번역팀 엮음, 『후설』, 한국고전번역원, 2013.
- 한국문화재보호재단·강화군, 『강화외성 지표조사보고서』, 2006.
- 한국역사연구회 편, 『역사문화수첩』, 역민사, 2000.
- 한국역사연구회 17세기 정치사 연구반, 『조선중기 정치와 정책』, 아카넷, 2003.
- 한국정신문화연구원, 『한국민족문화대백과사전』, 1991.
- 한림대학교 박물관·강화군, 『강화 조선궁전지(외규장각지)』, 2003.
- 한명기, 『정묘·병자호란과 동아시아』, 푸른역사, 2010.
- 한울문화재연구원·강화군, 『강화산성 남장대지 유적』, 2011.

논문

- 구덕회, 「붕당정치의 운영형태」, 『한국사』 30, 국사편찬위원회, 1998.
- 권영철, 「강도지에 대하여」, 『연구논문집』 20, 효성여자대학, 1978.
- 김기태, 「강화 정족산사고의 역사적 변천에 관한 연구」, 『교육논총』 24, 경인교육대학교 초등교육연구소, 2004.
- 김병하, 「조선시대의 도량형제도」, 『경제학연구』 27, 한국경제학회, 1979.
- 김성우, 「17세기의 위기와 숙종대 사회상」, 『역사와현실』 25, 1997.
- 김유미, 「정제두의 생애와 경세사상」, 전남대학교교육대학원 석사학위논문, 2006.
- 김윤우, 「摩尼山의 讀音에 관한 고찰」, 『기전문화연구』 20, 1991.

· 김종성, 「인현왕후·장희빈의 죽음, 숙종의 권력욕 때문이다」, 오마이뉴스, 2010.9.27.
· 김종혁, 「조선시대 행정구역의 변동과 복원」, 『문화역사지리』 20, 2003.
· 김지영, 「조선시대 왕실 여성의 출산력」, 『정신문화연구』 124, 2011.
· 김진수, 「병자호란 이후 조선의 북벌정책 추이와 군비증강」, 『논문집』 72, 육군3사관학교, 2011.
· 김현일, 「선원 김상용의 삶과 시」, 『안동한문학논집』 6, 1997.
· 김후정, 「효종·숙종대 북벌운동 연구」, 단국대학교교육대학원 석사학위논문, 1999.
· 나신균, 「강화행궁의 건물 구성과 배치」, 『인하대학교 박물관지』 4, 2002.
· 남동걸, 「병와 이형상과 인천」, 『인천역사』 2, 2005.
· 노재민, 「조선후기 '수도방위체제'의 군사적 고찰-17C초~18C초의 방위체제를 중심으로-」, 국방대학교 석사학위논문, 2006.
· 라경준, 「조선 숙종대 관방시설 연구」, 단국대학교대학원 박사학위논문, 2012.
· 박민철, 「병와 이형상의 저술과 가장 문헌의 서지적 분석」, 경북대학교대학원 석사학위논문, 2011.
· 박주, 「순국·순절자의 포정」, 『한국사』 31, 국사편찬위원회, 1998.
· 박희옥, 「조선 숙종조 강화도의 농지개척과 그 경영문제」, 서울대학교대학원 석사학위논문, 2003.
· 반윤홍, 「비변사의 강도보장책 연구」, 『전통문화연구』 5, 조선대학교 전통문화연구소, 1997.
· 방기중, 「금속화폐의 보급과 조세금납화」, 『한국사』 33, 국사편찬위원회, 1997.
· 배성수, 「조선 숙종초 강화도 돈대 축조에 관한 연구」, 인하대학교대학원 석사학위논문, 2002.
· 배성수, 「강화도 돈대의 축조와 역부:계룡돈대 축성기명의 분석」, 『인하사학』 9, 2002.
· 서영대, 「강화도의 참성단에 대하여」, 『한국사론』 42, 1999.
· 서영대, 「참성단, 국가지정문화재에서 세계문화유산으로」, 『강화역사유적의 세계문화유산으로서의 가치』, 강화고려역사재단, 2013.
· 서영대, 「최석항의 〈참성단 개축기〉에 대하여」, 『박물관기요』 1, 인하대학교박물관, 1995.
· 송석준, 「조선조 양명학의 수용과 연구 현황」, 『양명학』 12, 2004.
· 송양섭, 「17세기 강화도 방어체제의 확립과 진무영의 창설」, 『한국사학보』 13, 2002.
· 신경철, 「도량형 단위 명칭 고찰」, 『홍익어문』 10·11, 1992.
· 신항수, 「조선후기 북벌론의 실상」, 『내일을 여는 역사』 19, 2005.
· 안샘이나, 「조선시대 조정 수호를 위한 성곽도시의 축성론과 도시구조」, 한국예술종합

학교 예술전문사 학위논문, 2012.

· 안홍민, 「조선시대 강화목장, 그 변화와 논쟁의 역사」, 『인천역사』 8, 인천광역시, 2011.

· 양태부, 「하곡 정제두의 가계와 '강화학파' 묘지발견조사」, 『양명학』 24, 2009.

· 염정섭, 「18세기 중반 강화부 유수의 목민에 관한 연구」, 『인천학연구』 2-1, 2003.

· 오항녕, 「그런데 왜 실록을 편찬하였을까?」, 『내일을여는역사』 14, 2003.

· 육상엽, 「우암 송시열의 북벌론에 대한 고찰」, 원광대학교교육대학원 석사학위논문, 2006.

· 유수진, 「조선후기 민진원의 정치활동」, 숙명여자대학교대학원 석사학위논문, 2012.

· 유재빈, 「조선 후기 어진 관계 의례연구 : 의례를 통해 본 어진의 기능」, 『미술사와 시각 문화』 10, 2011.

· 윤용출, 「요역제의 붕괴와 모립제의 대두」, 『한국사』 30, 국사편찬위원회, 1998.

· 윤용혁, 「고려시대 강도의 개발과 도시 정비」, 『고려시대 강화도읍사의 재조명』, 인천 가톨릭대학교 겨레문화연구소, 2000.

· 이강칠, 「불랑기의 실태 소고 : 전존유물을 중심으로」, 『학예지』 5, 육군사관학교육군박 물관, 1997.

· 이민웅, 「18세기 강화도 수비체제의 강화」, 『한국사론』 34, 1995.

· 이상찬, 「전주사고본 실록의 보존과 관리」, 『규장각』 39, 2011.

· 이성학, 「조선시대 행정구역제의 역사지리성-시대적 지역특성」, 『경북대학교논문집』 36, 1983.

· 이영호, 「강화도 선두포축언시말비의 내용과 가치」, 『인하대학교 박물관지』 3, 2000.

· 이우진·이남옥, 「강화학파 형성담론의 재구성」, 『하곡 정제두와 18세기 동아시아 사상 문화』, 제9회 강화양명학 국제학술대회, 2012.

· 이철성, 「상평통보는 왜 만들어졌나」, 『내일을 여는 역사』 9, 2002.

· 이홍두, 「병자호란 전후 강도의 진보설치와 관방체계의 확립」, 『인천학연구』 9, 2008.

· 임용한, 「14~15세기 교동의 군사적 기능과 그 변화」, 『인천학연구』 3, 2004.

· 정경훈, 「〈악대설화〉의 사실성과 의미」, 『동방한문학』 39, 2009.

· 정두영, 「정제두, 주자학의 시대에 양명학의 밭을 일구다」, 『내일을여는역사』 41, 2010.

· 정문석, 「조선시대 승장계 범종 연구」, 동국대학교대학원 석사학위논문, 2011.

· 정수환, 「17세기 동전유통의 정책과 실태」, 한국학중앙연구원 박사학위논문, 2007.

· 정은주, 「〈강화부궁전도〉의 제작배경과 화풍」, 『문화역사지리』 21-1, 2009.

· 정태헌, 「마니산사고본과 사고지현황」, 『동국사학』 19·20, 1986.

· 조계영, 「조선후기 선원각의 왕실 기록물 보존체계 : 정족산사고 '선원록형지안'을 중심 으로」, 『조선시대사학보』 55, 2010.

· 조명제, 「조선후기 승군의 북한산성 축성과 중흥사의 산성 관리」, 『전법학연구』 2, 2012.
· 조낙영, 「17세기 강화도 비축곡의 마련과 운영」, 『한국사론』 51, 2005.
· 차문섭, 「중앙 군영제도의 발달」, 『한국사』 30, 국사편찬위원회, 1998.
· 최봉수, 「조선시대 지방행정구역의 정비에 관한 연구-주·부·군·현을 중심으로」, 『정책과학연구』 5, 1993.
· 최소자, 「청국과의 관계」, 『한국사』 32, 국사편찬위원회, 1997.
· 최은영, 「조선후기 강화 진무영 개편과 수도방어책」, 홍익대학교 교육대학원 석사학위논문, 2006.
· 최재목, 「세상과의 '어울림', 양명학을 통해 읽다」, 『하곡 정제두와 18세기 동아시아 사상문화』, 제9회 강화양명학 국제학술대회, 2012.
· 한동수, 「참성단의 현황과 축조방법 고찰」, 『강화도 참성단 – 현황과 과제』, 삼랑성역사문화축제조직위원회·강화역사문화연구소, 2003.
· 한영국, 「대동법의 시행」, 『한국사』 30, 국사편찬위원회, 1998.
· 허태구, 「병자호란 강화도 함락의 원인과 책임자 처벌 : 김경징 패전책임론의 재검토를 중심으로」, 『진단학보』 113, 2011.
· 홍순민, 「붕당정치의 동요와 환국의 빈발」, 『한국사』 30, 국사편찬위원회, 1998.

인터넷사이트

· 강화역사문화연구소 (http://www.ganghwado.org)
· 국사편찬위원회 한국사데이터베이스 (http://db.history.go.kr)
· 국사편찬위원회 한국역사정보통합시스템
  (http://www.koreanhistory.or.kr)
· 네이버 지식백과(http://terms.naver.com)
· 네이트 한국학 (http://koreandb.nate.com)
· 문화재청 (http://www.cha.go.kr)
· 서울대학교 규장각한국학연구원 (http://kyujanggak.snu.ac.kr)
· 한국고전종합DB (http://db.itkc.or.kr)
· 한국학중앙연구원 (http://www.aks.ac.kr)
· 화폐박물관 (http://museum.komsco.com)

미주

1장

1 정두희·김아네스·최선혜·이장우, 『장희빈, 사극의 배반』, 소나무, 2004, 214쪽.

2 구덕회, 「붕당정치의 운영형태」, 『한국사』 30, 국사편찬위원회, 1998, 127쪽.

3 『현종실록』 6년(1665) 5월 22일.

4 이성무, 『조선 시대 당쟁사』 2, 아름다운날, 2007, 13쪽.

5 이한우, 『숙종, 조선의 지존으로 서다』, 해냄, 2010, 111~112쪽.

6 이민웅, 「18세기 강화도 수비체제의 강화」, 『한국사론』 34, 1995, 19~21쪽.

2장

1 한명기, 『정묘·병자호란과 동아시아』, 푸른역사, 2010, 97쪽.

2 『청태종실록』, 한명기, 『정묘·병자호란과 동아시아』, 푸른역사, 2010, 47~48쪽에서 재인용.

3 신달도·정양·윤선거 원저, 신해진 편역, 『17세기 호란과 강화도』, 역락, 2012, 33쪽.

4 신달도·정양·윤선거 원저, 신해진 편역, 『17세기 호란과 강화도』, 역락, 2012, 41쪽.

5 『인조실록』 2년(1624) 3월 16일.

6 허태구, 「병자호란 강화도 함락의 원인과 책임자 처벌 : 김경징 패전책임론의 재검토를 중심으로」, 『진단학보』 113, 2011, 111쪽.

7 이기환, 「치욕의 병자호란 속 귀중한 1승」, 경향신문, 2012. 11. 15

8 강화군·강화문화원, 『강화금석문집』, 2006, 83~84쪽.

9 어한명 원저, 신해진 역주, 『강도일기』, 역락, 2012, 21쪽.

10 신달도·정양·윤선거 원저, 신해진 편역, 『17세기 호란과 강화도』, 역락, 2012, 126쪽.

11 허태구, 「병자호란 강화도 함락의 원인과 책임자 처벌 : 김경징 패전책임론의 재검토를 중심으로」, 『진단학보』 113, 2011, 119쪽.

12 『인조실록』 14년(1636) 12월 30일.

13 양태부, 「하곡 정제두의 가계와 '강화학파' 묘지발견조사」, 『양명학』24, 2009, 464쪽 ~465쪽.

14 『강도지』하, 병정록.

15 박주, 「순국·순절자의 포정」, 『한국사』 31, 국사편찬위원회, 1998, 257쪽.

16 신항수, 「조선 후기 북벌론의 실상」, 『내일을 여는 역사』 19, 2005, 97쪽.

17 한국역사연구회 17세기 정치사 연구반, 『조선중기 정치와 정책』, 아카넷, 2003, 293쪽.

18 『효종실록』 10년(1659) 3월 11일.

19 최소자, 「청국과의 관계」, 『한국사』 32, 국사편찬위원회, 1997, 398쪽.

20 『송서습유(宋書拾遺)』 7, 「악대설화(幄對說話)」. 신항수의 논문에서 재인용.

21 김진수, 「병자호란 이후 조선의 북벌정책 추이와 군비증강」, 『논문집』 72, 육군3사관학교, 2011, 305쪽.

22 『현종실록』 15년(1674) 7월 1일.

23 이덕일, 『윤휴와 침묵의 제국』, 다산북스, 2011, 66~67쪽.

24 『숙종실록』 2년(1676) 1월 7일.

25 김진수, 「병자호란 이후 조선의 북벌정책 추이와 군비증강」, 『논문집』 72, 육군3사관학교, 2011, 313쪽.

26 오세영, 『북벌』, 시아퍼블리셔스, 2012, 370쪽.

27 고금생, 「효종의 총애받던 벌대총의 죽음」, 『중외일보』, 1930. 1 .7 ~1930. 1. 8, 국사편찬위원회 한국사데이터베이스.

28 남도영, 『한국마정사』, 한국마사회 마사박물관, 1997, 215쪽.

29 안홍민, 「조선 시대 강화목장, 그 변화와 논쟁의 역사」, 『인천역사』 8, 인천광역시, 2011, 73쪽.

30 남도영, 『한국마정사』, 한국마사회 마사박물관, 1997, 449~451쪽.

31 반윤홍, 「비변사의 강도보장책 연구」, 『전통문화연구』 5, 1997, 85~86쪽.

32 『숙종실록』, 1년(1675) 5월 13일.

3장

1 이형상, 『강도지』, 강화문화원, 1991, 100쪽.

2 이형상, 『강도지』, 강화문화원, 1991, 100쪽.

3 『숙종실록』, 3년(1677) 2월 1일.

4 『인조실록』, 16년(1638) 1월 4일.

5 나신균, 「강화행궁의 건물 구성과 배치」, 『인하대학교 박물관지』 4, 2002, 149쪽.

6 이철성, 「상평통보는 왜 만들어졌나」, 『내일을 여는 역사』 9, 2002, 133쪽.

7 정수환, 「17세기 동전유통의 정책과 실태」, 한국학중앙연구원 박사학위논문, 2007, 53쪽.

8 『현종실록』, 5년(1664) 8월 10일.

9 이철성, 「상평통보는 왜 만들어졌나」, 『내일을 여는 역사』 9, 2002, 135쪽.

10 방기중, 「금속화폐의 보급과 조세금납화」, 『한국사』 33, 국사편찬위원회, 1997, 399쪽.

11 『숙종실록』, 4년(1678) 6월 3일.

12 정수환, 「17세기 동전유통의 정책과 실태」, 한국학중앙연구원 박사학위논문, 2007, 148쪽.

13 전국역사교사모임, 『사료로 보는 우리역사』, 돌베개, 1992, 270쪽에서 재인용.

14 윤국일 옮김, 『신편 경국대전』, 신서원, 2005, 177쪽.

15 대동법이 처음 시작된 시기를 광해군대로 볼 수 없다는 연구가 있다(이정철, 『언제나 민생을 염려하노니』, 201~202쪽). 일리 있는 견해다. 다만, 이 글에서는 일반적인 학설을 따라 광해군 대에 대동법이 시작된 것으로 쓴다.

16 한영국, 「대동법의 시행」, 『한국사』 30, 국사편찬위원회, 1998, 490쪽.

17 『인조실록』, 5년(1627) 4월 20일.

18 조낙영, 「17세기 강화도 비축곡의 마련과 운영」, 『한국사론』 51, 2005, 262쪽.

19 이경수, 『한국사눈뜨기』, 동녘, 2000, 232~235쪽.

20 이한우, 『숙종, 조선의 지존으로 서다』, 해냄, 2010, 174~175쪽.

21 『숙종실록』, 6년(1680) 12월 22일.

22 『숙종실록』, 6년(1680) 9월 2일.

23 『숙종실록』, 7년(1681) 7월 21일.

24 오항녕, 『조선의 힘』, 역사비평사, 2010, 285쪽.

25 학자에 따라 환국이 네 번 일어난 것으로 보기도 한다. 이단하의 현종 행장 문제 등을 계기로 송시열이 유배되고 1675년(숙종 1) 조정에 남아 있던 서인들이 대거 밀려나게 되었는데 이 사건을 갑인환국이라고 하는 것이다. 갑인환국으로 숙종 즉위 초반에 남인이 정권을 장악하게 되었다. 그 속에서 서인이자 외척인 김석주도 힘을 키우고 있었다.

26 노재민, 「조선 후기 '수도방위체제'의 군사적 고찰」, 국방대학교 석사학위논문, 2006, 21쪽.

27 현종실록』, 10년(1669) 2월 5일.

28 차문섭, 「중앙 군영제도의 발달」, 『한국사』 30, 국사편찬위원회, 1998, 252쪽.

29 박영규, 『한권으로 읽는 조선왕조실록』, 들녘, 1996, 295~296쪽.

30 최효식, 『조선 후기 군제사 연구』, 신서원, 2007, 28쪽.

31 이경수, 『김포역사산책』, 신서원, 2008, 203~207쪽.

4장

1 『숙종실록』, 12년(1686) 12월 10일.

2 『숙종실록』, 18년(1692) 3월 6일.

3 『숙종실록』, 12년(1686) 12월 10일.

4 『숙종실록』, 12년(1686) 12월 10일.

5 『숙종실록』, 12년(1686) 12월 14일.

6 윤국일 옮김, 『신편 경국대전』, 신서원, 2005, 17~18쪽.

7 『숙종실록』, 13년(1687) 6월 13일.

8 김지영, 「조선 시대 왕실 여성의 출산력」, 『정신문화연구』 124, 2011, 294쪽.

9 이성무, 『조선 시대 당쟁사』 2, 아름다운날, 2007, 66쪽.

10 정두희, 김아네스, 최선혜, 이장우, 『장희빈, 사극의 배반』, 소나무, 2004, 274쪽.

11 『숙종실록』, 15년(1689) 4월 23일.

12 민진원 지음, 이희환 옮김, 『단암만록』, 민창문화사, 1993, 54쪽.

13 정두희, 김아네스, 최선혜, 이장우, 『장희빈, 사극의 배반』, 소나무, 2004, 187~188쪽.

14 『숙종실록』, 27년(1701) 10월 8일.

15 『숙종실록』, 숙종대왕 묘지문.

16 『숙종실록』, 45년(1719) 4월 7일.

5장

1 『인조실록』, 16년(1638) 1월 4일.

2 송양섭, 「17세기 강화도 방어체제의 확립과 진무영의 창설」, 『한국사학보』 13, 2002, 229쪽.

3 송양섭, 「17세기 강화도 방어체제의 확립과 진무영의 창설」, 『한국사학보』 13, 2002, 245쪽 표를 재편집함.

4 『효종실록』, 6년(1655) 1월 27일.

5 송양섭,「17세기 강화도 방어체제의 확립과 진무영의 창설」,『한국사학보』13, 2002, 245쪽.

6 연갑수,『대원군집권기 부국강병책 연구』, 서울대학교출판부, 2003, 155~156쪽.

7 『고종실록』, 4년(1867) 1월 25일.

8 이형상은『강도지』에 1677년(숙종 3)에 장곶보를 설치했다고 썼는데, 김노진은『강화 부지』에서 장곶보 설치시기를 1676년(숙종 2)으로 앞당겼다.

9 『숙종실록』, 1년(1675) 1월 27일.

10 『숙종실록』, 7년(1681) 5월 21일.

11 『정조실록』, 3년(1779) 3월 8일.

12 『비변사등록』, 현종 8년(1667) 7월 7일.

13 『숙종실록』, 44년(1718) 4월 1일.

14 『해동지도』는 영조 때인 1750년대 전후에 제작되었다. 따라서 이 표에 적은 진보와 돈대의 소속관계가 숙종 당시와는 부분적으로 다르다. 예를 들면 이렇다. 1656년(효종 7)에 화도보가 설치되었다. 돈대가 세워지면서 화도보는 화도돈대와 오두돈대를 관할했다. 그런데 숙종이 화도보를 폐지하고 선두보를 세웠다. 화도보 소속의 두 돈대가 다른 곳으로 소속이 옮겨져야 했다. 화도돈대와 오두돈대는 광성보 소속이 되었다. 원래 광성보는 광성돈대와 손석항돈대를 맡고 있었는데 돈대 두 개를 더 받고 보니 관리가 힘들었다. 그래서 손석항돈대를 떼어 덕진진에 붙인 것이다. 덕진진은 덕진돈대 하나만 맡고 있었기에 손석항돈대를 받아도 무리가 없었다.

15 배성수는 그의 논문「조선 숙종초 강화도 돈대 축조에 관한 연구」, 16쪽에서 남인인 허적이 돈대 축조에 적극성을 보인 것은 남인들이 돈대 축조를 통해 병권을 장악해서 보다 안정적인 정국 운영을 기하기 위함이었을 것으로 해석했다.

16 『비변사등록』, 숙종 4년(1678) 11월 4일.

17 이한우,『숙종, 조선의 지존으로 서다』, 해냄, 2010, 96쪽.

18 『숙종실록』, 5년(1679) 3월 12일.

19 『여지도서』,「강도부지」, 성지(城池)

20 이민웅,「18세기 강화도 수비체제의 강화」,『한국사론』34, 1995, 43~45쪽.

21 『비변사등록』, 숙종 8년(1682) 8월 26일.

22 『비변사등록』, 숙종 9년(1683) 윤6월 5일.

23 '屎'라는 간단해 보이는 한자가 뜻밖에 만만하지 않다. 국역『비변사등록』은 '호'로 읽어 황호라 했고, 국역『조선왕조실록』은 '감'으로 읽어 황감이라고 했다. 여기서는 한국학중앙연구원의 '한국역대인물 종합정보시스템' 자료를 따라 '황호'로 쓴다.

24 시노다고이치 지음, 신동기 옮김,『무기와 방어구』, 들녘, 2001, 286쪽.

25 『강도지』상, 돈황.

26 『현종실록』, 5년(1664) 3월 3일.

27 『숙종실록』, 34년(1708) 8월 5일.

28 이강칠, 「불랑기의 실태 소고 : 전존유물을 중심으로」, 『학예지』 5, 육군사관학교육군
박물관, 1997, 126쪽.

29 『중종실록』, 16년(1521) 1월 24일.

30 한국문화재보호재단 · 강화군, 『강화외성 지표조사보고서』, 2006, 73쪽.

31 『비변사등록』, 광해군 10년(1618) 5월 18일.

32 『비변사등록』, 숙종 17년(1691) 윤 7월 8일.

33 『숙종실록』, 17년(1691) 8월 8일.

34 『숙종실록』, 18년(1692) 1월 28일.

35 『비변사등록』, 숙종 16년(1690) 11월 14일.

36 『강도지』 상, 성곽.

37 내용 출처 : 『강도지』 상, 성곽.

38 강화군 군사편찬위원회, 『신편강화사(중)』, 2003, 414쪽.

39 『숙종실록』, 3년(1677) 8월 4일.

40 박제가 지음, 박정주 옮김, 『북학의』, 서해문집, 2003, 49~50쪽.

41 박제가 지음, 박정주 옮김, 『북학의』, 서해문집, 2003, 54쪽.

42 『비변사등록』, 영조 25년(1749) 8월 20일.

43 『비변사등록』, 영조 25년(1749) 8월 23일.

44 『비변사등록』, 영조 25년(1749) 11월 26일.

45 『비변사등록』, 정조 13년(1789) 4월 29일.

46 존재하지 않는 세종대의 강화읍성 둘레를 2km '정도'로나마 말할 수 있는 것은 『강
도지』 등에 1,658보(步)로 기록된 덕분이다. 조선 시대에 거리를 재는 단위 가운데
하나인 보가 지금 몇 미터인지는 조심스럽게 접근할 필요가 있다. 1보(步)는 일반
적으로 6척(尺)이다. 김병하의 논문에 의하면, 조선 시대에 1척은 그때그때 달라서
19.05cm, 19.2cm, 19.65cm 등으로 계산되었다. 때로 20cm가 넘기도 했다. 1척을
대략 19cm로 계산할 때 1보는 1.14m, 20cm로 계산하면 1.2m가 된다. 1보를 1.14m
로 볼 때 1,658보는 1,890m가 되지만 1.2m로 보면 1,990m가 된다. 옛 기록을 미
터법으로 계산해서 정확히 길이를 말하는 것은 어려운 일이다. 참고로 1리(里)도 300
보와 360보가 함께 쓰였다. 지금까지 말한 척이라는 단위는 주척(周尺)이다. 거리를
재거나 하는데 활용되었다. 그런데 불랑기 같은 물건이나 건축물의 길이를 잴 때는
영조척(營造尺)을 썼다. 주척 1척이 대략 19cm~20cm인데 비해 영조척으로 1척은
31~33cm 정도이다.

47 『강도지』 상, 성곽.

48 『숙종실록』, 7년(1681) 5월 21일.

49 『승정원일기』, 숙종 8년(1682) 8월 23일.

50 『비변사등록』, 숙종 36년(1710) 7월 2일.

51 『비변사등록』, 숙종 36년(1710) 8월 27일.

52 『비변사등록』, 숙종 34년(1708) 12월 6일.

53 강화군·육군박물관, 『강화도의 국방유적』, 2000, 73쪽.

54 김노진, 『강화부지』(1783), 누정.

55 『숙종실록』, 32년(1706) 2월 4일.

56 신헌 지음, 김종학 옮김, 『심행일기』, 푸른역사, 2010, 194쪽.

57 『숙종실록』, 8년(1682) 8월 23일.

58 유수진, 「조선 후기 민진원의 정치활동」, 숙명여자대학교대학원 석사학위논문, 2012, 15쪽.

59 김노진, 『강화부지』(1783), 고적.

60 『숙종실록』, 1년(1675) 4월 28일.

61 『숙종실록』, 4년(1678) 10월 23일.

62 『숙종실록』, 20년(1694년) 9월 13일.

63 『비변사등록』, 숙종 39년(1713) 3월 18일.

64 『비변사등록』, 순조 14년(1814) 4월 25일.

65 『영조실록』, 51년(1775) 1월 23일.

66 김노진, 『강화부지』(1783), 진보.

67 『연려실기술』 별집 제17권, 변어전고, 강도(江都)

6장

1 『강도지』상, 영전.

2 『숙종실록』, 21년(1695) 9월 14일.

3 『숙종실록』, 21년(1695) 9월 5일.

4 『비변사등록』, 숙종 37년(1711) 7월 3일.

5 『숙종실록』, 39년(1713) 4월 11일.

6 정은주, 「〈강화부궁전도〉의 제작배경과 화풍」, 『문화역사지리』 21-1, 2009, 279쪽.

7 김노진, 『강화부지』(1783), 궁전.

8 임민혁, 『왕의 이름, 묘호』, 문학동네, 2011, 79쪽.

9 『고종실록』, 3년(1866) 9월 9일.

10 신헌 지음, 김종학 옮김, 『심행일기』, 푸른역사, 2010, 247쪽.

11 이정옥, 『백성은 물, 임금은 배』, 글누림, 2012, 250쪽.

12 남동걸, 「병와 이형상과 인천」, 『인천역사』 2, 2005, 180쪽.

13 이정옥, 『백성은 물, 임금은 배』, 글누림, 2012, 348쪽.

14 문과[大科] 응시 자격이 주어지는 예비 과거이다. 생원진사시, 소과(小科) 등으로도 불렸다.

15 박민철, 「병와 이형상의 저술과 가장 문헌의 서지적 분석」, 경북대학교대학원 석사학위논문, 2011, 7쪽.

16 『강도지』 상, 관원.

17 한국학중앙연구원 김학수의 논문, '고문서에 나타난 한국인의 상생과 화합'을 소개한 신문기사(문화일보,2013.8.27, 예진수 기자)

18 권영철, 「강도지에 대하여」, 『연구논문집』 20, 효성여자대학, 1978, 5쪽.

19 남동걸, 「병와 이형상과 인천」, 『인천역사』 2, 2005, 183쪽.

20 『강도지』 상, 민호.

21 이민웅, 「18세기 강화도 수비체제의 강화」, 『한국사론』 34, 1995, 13쪽.

22 『비변사등록』, 숙종 36년(1710) 12월 3일.

23 『선조실록』, 31년(1598) 2월 3일.

24 『현종실록』, 1년(1660) 11월 8일.

25 『강도지』 상, 사각.

26 조계영, 「조선 후기 선원각의 왕실 기록물 보존체계 : 정족산사고 '선원록형지안'을 중심으로」, 『조선 시대사학보』 55, 2010, 201~204쪽.

27 『丁亥八月日 鼎足山城 御牒璿源錄 移安形止案』(1707년 8월 27일, 규9306), 조계영의 논문에서 재인용.

28 『승정원일기』, 고종 11년(1874) 1월 26일.

29 『비변사등록』, 고종 3년(1866) 11월 15일.

30 윤국일 옮김, 『신편 경국대전』, 신서원, 2005, 266쪽.

31 『숙종실록』, 36년(1710) 5월 21일.

32 『강도지』 상, 불사.

7장

1   이한우, 『숙종, 조선의 지존으로 서다』, 해냄, 2010, 378쪽.

2   『숙종실록』, 36년(1710) 1월 10일.

3   숙종은 병조판서 이이명을 파직하면서 다시는 불러 쓰지 말라고 명했었다.(『숙종실록』, 32년(1706) 6월 11일.)

4   이건창 지음, 이덕일, 이준녕 해역, 『당의통략』, 자유문고, 1998, 246쪽.

5   민진원 지음, 이희환 옮김, 『단암만록』, 민창문화사, 1993, 99쪽.

6   『숙종실록』, 46년(1720) 6월 13일.

숙종,
강화를
품다

초판 1쇄 발행 2014년 4월 10일
초판 2쇄 발행 2014년 10월 28일

지은이 이 경 수
펴낸이 주 혜 숙
펴낸곳 역사공간
등록 2003년 7월 22일 제6-510호
주소 121-842 서울특별시 마포구 동교로 142-11 (서교동, 플러스빌딩 3층)
전화 02-725-8806~7, 325-8802
팩스 02-725-8801, 0505-325-8801
E-mail jhs8807@hanmail.net

ISBN 978-89-98205-91-1 03900